東大教授十小時教會你大學四年的統計學

大学4年間の統計学
が10時間でざっと学べる

倉田博史 / 著

李其融 / 譯

俞振華 / 審閱

五南圖書出版公司 印行

前 言

我所就任的東京大學教養學部，每年上學期都會開設「基礎統計」這項統計學的入門課程，開放 1、2 年級的文、理組學生選修。儘管該科目並非必修，對升級不會造成影響，但仍有非常多的學生選修，每年大約有 1500 人，且大多數學生都是 1 年級。雖然這門課也能在下學期或 2 年級時選修，但大多數學生都會選擇在 1 年級上學期修習。由於教師人員不足以因應如此龐大的學生數，目前我們開設 5 堂相同課程班級，減少 1 個班級之中的聽課人數。

這麼看起來，統計學似乎是很受歡迎的學問（當然它也是具有自身的趣味），但比起學問本身的樂趣，學生的選課動機多是為後續專業課程進行準備，希望能更有效率地吸收自己的專攻領域知識，盡可能早一步掌握分析數據的技巧。這不僅是很合理的現象，也清楚顯示出統計學在社會中所處的位置。也就是說，統計學就是決策的基礎技術。想必拿起本書的讀者之中，應該也有很多人是想在自己專攻的學問或商務領域之中進行分析數據、運用過去資料做出某種判斷，因此才會需要用到這些技術基礎的統計學吧。本書就是能讓這些讀者在通勤與休息的空檔「秒進大學修課」，希望各位能修習由我開設的統計學課程。

本書的標題有著「大學 4 年」的字眼，而我們在本書介紹的統計學知識比較接近大學的入門課程。因此，基本上只要具有高中畢業的知識就能讀懂。第 1～15 章與第 20 章的第 1、2 節是通識課程的內容，而第 16～19 章與第 20 章的第 3～5 節則大約是專業統計學課程在第 1 年學習的知識。因此大家可以用自己喜歡的順序閱讀第 16～19 章。個人認為，比起單純翻閱，思考如何透過本書提升自身知識，並讓自己能在工作場合更客觀地解讀數值才是最重要的。

想必在讀者之中，會有許多初次接觸統計學或不擅長數學的人。請初次接觸統計學的人先將目標設為釐清第 5 章的「標準化」概念。只要搞懂這

項概念，就會對數據的看法產生極大的改變。而為了瞭解這項概念，只要知道「平均數」、「變異數」與「標準差」這三項用語的意思就綽綽有餘了。希望您能確實釐清這三個概念，以理解標準化為目標來閱讀本書。

此外，個人建議不擅長數學的人不要把數學公式轉換為文字，而是直接把公式記進腦中。本書雖然會使用公式，但幾乎不會展開數學公式進行推導，就算不懂數理概念也不用擔心跟不上。但是，確實有許多重要概念必須用數學的語言來記述。上述的「平均數」與「變異數」也是透過數學公式定義而成的。若一旦看到這些名詞，就試圖用「所以它的意思是……」的想法逐一置換為別的詞彙，那麼光是這部分的翻譯工作就會讓您無暇顧及其他。隨著登場概念的增加，這些名詞彼此間的關係也會變得隱晦難懂。請別將數學公式翻譯為文字，而是將公式的樣貌記進腦中，並暫時擱置於心底。這麼一來，這些概念就會在不知不覺中固定下來。

好了，我會在「教室」等待各位來臨，請在任何方便的時間前來聽課。

東京大學教養學部教授
倉田博史

前言

第 1 部

開啓統計學的大門

[01] 開啓統計學的大門

▶ 01 分析數據的目的 —— 12

▶ 02 統計學的功用：量化概念 —— 14

▶ 03 統計學的功用：預測 —— 16

▶ 04 統計學的功用：檢驗假設與分類 —— 18

▶ 05 統計學的一般性 —— 20

第 2 部

判讀數據

[02] 關於數據的基礎知識

▶ 01 數據的維度 —— 24

▶ 02 量化資料與質性資料 —— 26

▶ 03 數據的測量尺度 —— 28

▶ 04 橫斷資料與時間序列資料 —— 30

▶ 05 數據的設限與截斷 —— 32

[03] 利用圖表或圖整理數據

▶ 01 次數分布表 —— 34

▶ 02 直方圖表 —— 36

▶03 五數概括法與盒型圖 —— 38

▶04 時間序列圖 —— 40

▶05 相關與散布圖 —— 42

04 數據中心的指標

▶01 平均數 —— 44

▶02 中位數 —— 46

▶03 眾數 —— 48

▶04 加權平均數 —— 50

▶05 關於平均數的計算 —— 52

05 數據分布的離散程度指標

▶01 平均差 —— 54

▶02 變異數 —— 56

▶03 標準差 —— 58

▶04 標準化（1）—— 60

▶05 標準化（2）—— 62

06 相關與迴歸

▶01 共變異數 —— 64

▶02 共變異數的機制與相關係數 —— 66

▶03 相關係數的機制 —— 68

▶04 迴歸直線 —— 70

▶05 關聯係數 —— 72

第 3 部
描繪出數據背後的整體結構

07 母群體與樣本

▶01 分析數據的目的──76

▶02 母群體與樣本──78

▶03 隨機抽樣──80

▶04 機率模型──82

▶05 投擲硬幣──84

08 機率

▶01 機率──86

▶02 條件機率──88

▶03 全機率公式與貝氏定理（1）──90

▶04 全機率公式與貝氏定理（2）──92

▶05 事件的獨立性──94

09 記述母群體的機率分布

▶01 機率分布與機率變數──96

▶02 數據指的是什麼？──98

▶03 機率分布的平均數──100

▶04 機率分布的變異數──102

▶05 期望值──104

10 離散型機率分布

▶01 投擲硬幣與白努利實驗──106

▶02 二項分布（1）──108

▶03 二項分布（2）──110

▶04 卜瓦松分布──112

▶05 幾何分布——114

11 連續型機率分布

▶01 連續型機率變數——116

▶02 機率密度函數——118

▶03 均勻分布——120

▶04 常態分布（1）——122

▶05 常態分布（2）——124

第 4 部

根據數據進行判斷

12 隨機樣本

▶01 機率變數的獨立性——128

▶02 隨機樣本的定義——130

▶03 樣本平均數與樣本變異數——132

▶04 無偏性——134

▶05 標準平均數的分布——136

13 估計 1

▶01 點估計與區間估計——138

▶02 母體平均數的區間估計（已知母體變異數的情況）——140

▶03 母體平均數的區間估計（未知母體變異數的情況）（1）——142

▶04 母體平均數的區間估計（未知母體變異數的情況）（2）——144

▶05 簡單的數值例——146

14 估計 2

▶01 大數法則——148

▶02 母群體比率的估計：白努利分布中的隨機樣本——150

▶03 母群體比率的估計：點估計與信賴區間——152

▶04 數值例——154

▶05 最大概似估計法——156

15 統計假設檢定

▶01 虛無假設與對立假設——158

▶02 檢定方式——160

▶03 顯著水準——162

▶04 t 檢定——164

▶05 母群體比率的檢定——166

16 兩群體間的比較

▶01 實驗組與對照組——168

▶02 雙樣本 t 檢定——170

▶03 互有關聯的數據——172

▶04 Wilcoxon 等級和檢定——174

▶05 因果推論——176

17 質性資料的分析

▶01 列聯表——178

▶02 獨立性檢定（1）——180

▶03 獨立性檢定（2）——182

▶04 比例的同質性檢定——184

▶05 卡方分布——186

18 迴歸分析

▶01 迴歸模型──188

▶02 迴歸模型的估計與檢定──190

▶03 複迴歸模型──192

▶04 決定係數──194

▶05 虛擬變數──196

19 時間序列分析

▶01 變異數與共變異數──198

▶02 平穩性──200

▶03 AR 模型（自迴歸模型）──202

▶04 ARMA 模型（自迴歸滑動平均模型）──204

▶05 ARCH 模型（自迴歸條件異變異數模型）──206

20 補充說明

▶01 無相關與獨立的關係──208

▶02 關於機率變數的和的平均數與變異數──210

▶03 測定貧富差距：羅倫茲曲線──212

▶04 測定貧富差距：基尼係數──214

▶05 檢定的補充說明──216

結語──218

參考文獻──219

第 **1** 部

---

10 hour ⊘

Statistics

開啓統計學的大門

第 1 部的目標

本書的編排，基本上和大學的統計學課程是幾乎一樣的。首先
我們會學習整理簡化數據的方法，並掌握平均數與變異數、標
準差等基本的統計量（第 2 部）。接著，我們將使用數據的
生成機構（即機率分布）的概念將母群體模型化（第 3 部）。
而最具代表性的機率分布，如二項分布與常態分布也會在此處
登場。最後，我們將學習從數據推測母群體資訊的方法，並觸
及估計與檢定的思考方式與應用。大致學完這些知識後，我
們將學習迴歸分析與時間序列分析等更具應用性的手法（第 4
部）。在第 1 部之中，請容我先介紹統計學的功用與學習統計
學的好處。

▶ 01

分析數據的目的

在進行實驗或調查時，我們將測量或觀察的人與物等對象稱作**母群體**，而包含在母群體之中的要素則稱作**個體**。此外，以母群體中的所有個體做爲對象所進行的調查稱作**全面調查**，如人口普查即是一代表例。由於實施全數調查的金錢、時間成本太高，通常我們會選擇採用從母群體中抽選出部分個體的調查方式，也就是所謂的**抽樣調查**。從抽樣調查中被選出的所有個體被稱爲**樣本**，而樣本中的個體總數被稱爲**樣本大小**或**樣本規模**。

比方說，內閣府[1]所進行的「國民生活民意調查」，就是從 18 歲以上的日本人之中隨機抽選 1 萬人，調查他們對於現在生活的滿意度與對未來生活的預測、如何看待工作的目標等等關於生活、家庭與對於社會的看法。這些調查關注的並非是被選爲樣本的 1 萬人的答案本身，而是身爲母群體的所有日本人整體的意識。樣本的作用則是提供資訊，讓我們能得知上述問題的答案。

數據分析是利用樣本的資訊，將母群體的未知性質導引至某項結論，而統計學這門學問則是這項方法論的基礎。從實際上的例子來看，在 2016 年的「國民生活民意調查」之中，「大體來看對於現在的生活的滿意程度爲何？」這項問題的結果是：

滿意 10.7%　　有點滿意 59.4%　　有點不滿意 22.6%　　不滿意 5.9%

我們能夠用這項結果去推測全體日本人對於生活滿意度的回答分布。而統計學正是提供它背後理論基礎的幕後功臣。

---

[1] 日本行政機關。

圖表重點！一看就懂

統計學的測量對象與調查方法

母群體
（測量與觀察對象的集合）

個體
（涵蓋於母群體中的要素）

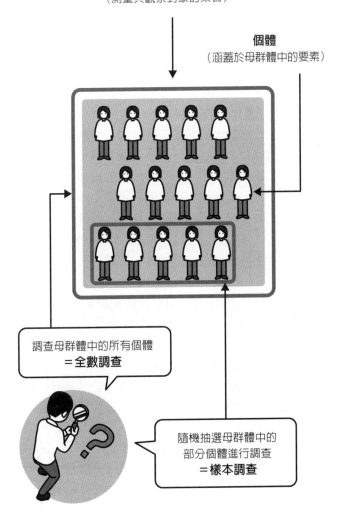

調查母群體中的所有個體
＝**全數調查**

隨機抽選母群體中的
部分個體進行調查
＝**樣本調查**

▶ 02

統計學的功用：量化概念

統計學在社會中有著多樣的功用。對身爲社會人士的各位而言，最重要（或者是息息相關）的用處，應該就是 (i) **量化概念**；(ii) **預測**；(iii) **檢定假設**；(iv) **分類**這四項吧。只要遵循統計學的程序，便能夠客觀運用這些知識，與他人共享分析結果。以下將依序解說上述四項功用，爲接下來的章節做準備。

首先要介紹的是 (i) **量化概念**。我們在解讀數據時，如判讀國民生產毛額（GNP）、日經平均指數[2]或智能商數（IQ）等數值時，通常都會假設它們背後有著放諸四海皆準的概念，並將數據套用至那些概念之中吧。也就是說，「經濟活動的規模」、「股市中的買賣規模」與「知性能力」才是我們真正關心的對象，而國民生產毛額、日經平均指數或智能商數等數據則是以數值的形式來呈現它們。就像這樣，數據能將概念呈現爲數值，也就是能發揮量化概念的功用。數據能爲概念賦予數值，使其具備客觀性。無論是國民生產毛額或日經平均指數，它們在數值上的解釋都具有唯一性。

然而，雖然數值本身是客觀的，**但數據與概念之間的關係未必只有唯一一種，而是會取決於分析者的視點與主觀意識**。比方說，棒球選手的「打擊率（數據）」與「作爲打者的實力（概念）」未必完全相對應，這是因爲打擊率無法呈現實力的所有面向。再舉一例，「智能商數（數據）」與「智性能力」也無法稱作完全相對應。若是分析者著重於知性能力的其他面向，量化的數據便會不同，精密度也會有所改變。

---

[2] 東京證券交易所的 225 上市品種的股價指數，由日本經濟新聞社推出。日本股市的重要股價指標之一。

統計學的功用①

量化概念

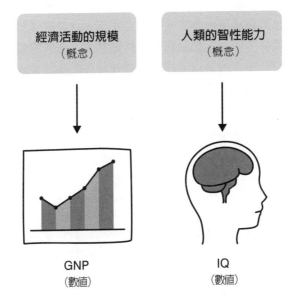

經濟活動的規模
（概念）

人類的智性能力
（概念）

GNP
（數值）

IQ
（數值）

用國民生產毛額或智能商數等客觀數值呈現概念

▶ 03

統計學的功用：預測

接續前項，我們接下來要來談 (ii) **預測**。在商務中，有時我們必須事前**預測**尚未確定的數值。在這種時候，若是我們能運用統計學上的根據進行預測，預測值便將是在一定前提下得到的數值，我們也能事前得知精準度的範圍。

運用在預測的代表性統計手法是**迴歸分析**（第 18 章）與**時間序列分析**（第 19 章）。在這裡，我們將用簡單的數值作爲範例，大略介紹迴歸分析的預測案例。詳情請參考第 6 章的第 4 節或第 18 章。比方說，像年齡之於血壓、家庭可運用所得之於家計消費支出、日最高氣溫之於冷飲的銷售額等等的關係，乍看之下**都具有前者的值愈大，後者的值也會跟著變大的關係**。而迴歸分析，就是用直線記述這種關係的統計手法。

就讓我們以右邊頁面的數據作爲範例。圖 1 便是將上述數據化爲平面圖表（稱作**散布圖**，參照第 3 章第 5 節）。透過觀察散布圖，我們便能窺見出當 x 值愈大時，大體上 y 值也會愈大，而且兩者具有近似於直線的關係。只要透過迴歸分析，用直線代入這些數據，便能得到

$$y = 5.0 + 3.7x$$

這條直線。而將這條直線插入散布圖之中後得到的就是圖 2。這條直線能將 x 與 y 這些數據化約爲線形。這條直線能讓我們用 x 值預測或推斷 y 值，例如從氣溫預測銷售額、求得各年齡的平均血壓值、或透過家庭可運用所得預測家計消費支出等等。比方說，假如我們知道 x 值爲 10，就能預測 y 值爲 $5.0 + 3.7 \times 10 = 42$。

圖表重點！一看就懂

表　統計數據		
編號	x	y
1	1	7.4
2	1	9.8
3	2	14.0
4	4	19.2
5	4	18.5
6	6	27.5
7	7	28.8
8	7	28.2
9	8	35.0
10	8	37.0

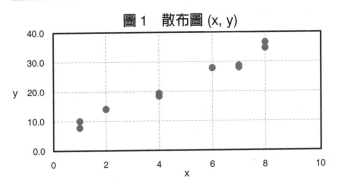

圖 1　散布圖 (x, y)

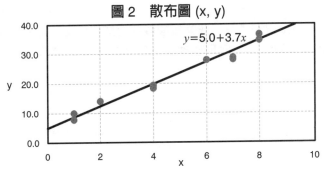

圖 2　散布圖 (x, y)

$$y = 5.0 + 3.7x$$

統計學的功用：
檢驗假設與分類

接下來要介紹的是 (iii) **檢定假設**。我們假設某間工廠產品的壽命平均是 1500 小時，標準差是 120 小時，並假設該產品的製造方法有所變更，希望得知這項改變是否會影響產品壽命。為了調查變更後的產品平均壽命，我們隨機選擇 16 個產品並測量它們的壽命，結果測定值的平均是 1590 小時。與既有方法相比增長了 90 小時：

> 1590（新製造方法）－1500（既有方法）＝ 90 小時

這個差異是**有意義的差異（顯著性差異）**嗎？換句話說，這 90 小時的差異能當作壽命改變的證據嗎？由於我們只調查 16 個產品，或許這只是偶然出現的結果。

這個問題能用第 15 章第 1 節中所講解的**假設檢定**程序來得到解答。假設檢定是在母群體具有兩個假設時（在本範例中是「壽命和既有產品一樣」與「壽命有所變化」這兩項），依照數據**選擇其中一個假設**的統計手法。這個手法普遍適用於經濟、醫學、商務等各種場面。

最後要介紹的是 (iv) **分類**。我們假設某間旅行社提供團體旅行作為商品，目的地有美國西岸、美國東岸、凱恩斯、倫敦、香港與北京。假設美國西岸已經額滿，必須向希望前往美國西岸的顧客推薦其他目的地時，推薦哪裡才最適當呢？照理說，應該是要提出與美國西岸最相似的目的地才恰當吧。我們能將上述例子視為商品**相似度**或**分類**的問題。另外，統計手法之中還有許多**分類法**，不過那些理論過於複雜，不在本書討論範圍之內。

圖表重點！一看就懂

統計學的功用 ②

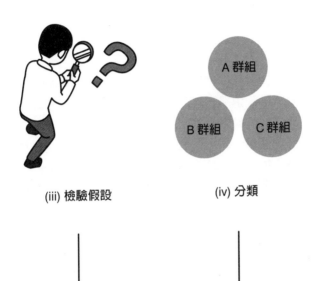

(iii) 檢驗假設　　　　　　　(iv) 分類

擁有兩個假設時，依照　　　依屬性為資料分類
數據選擇其中一個假設

> 與社會人士息息相關的統計學功用，是 (i) 量化概念；(ii) 預測；(iii) 檢驗假設；(iv) 分類這四項。

統計學的一般性

接下來,我們會將大學教的統計學概要修改爲適合社會人士學習的內容,並在這 19 章之中進行討論。

由於統計學在各領域的實務現場都廣受應用,與其他學問相比擁有更多具體、實際的要素,就這層意義而言統計學是隨時能信手捻來的知識。但是,由於理論的核心概念是用數學的語言來敘述,這個部分一定必須理解才行。**本書雖然會使用公式,但幾乎不會進行繁雜的推導,因此各位不會被數理問題絆倒。**但是,由於平均數、變異數與獨立性等主要概念都是以公式呈現,因此各位必須瞭解它們的意思。有些算式是邏輯的推演,也有些是透過定理的形式來進行記述。各位必須在這裡沿著數學的階梯行進。我們會在下一章學習數據的定義與分類,並從這個起點循序漸進地爬上**記述統計**(第 2～6 章)、**機率分布**(第 7～11 章)、**推論統計**(第 12～15 章)的階梯。只要爬上第 15 章,就算是抓到統計學的重點了。

事實上,統計學的核心重點是由數學的語言敘述,對學習者來說反而是個優點。這是因爲數學是各門學問的共同語言,因此只要運用數學的邏輯,就能讓數據分析的邏輯具有一般性與泛用性。也就是說,無論各位的專業是經濟、行銷、醫療、生物或品質管理,我們所使用的數據分析邏輯都是共通的。無論專業領域是什麼,我們都能將統計學學以致用。**統計學的一般性**便是數學帶來的恩惠。

圖表重點！一看就懂

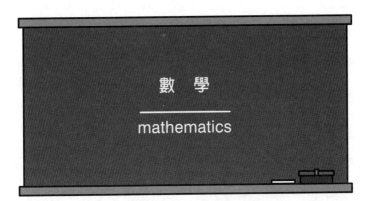

由於統計學是由「所有學問的共同語言」的數學記述，因此能應用於各門學問。

第 **2** 部

10 hour ✓

Statistics

判讀數據

第 2 部的目標

若是手上有數據，第一件事就是要判讀數據。但是，由於數據只是數值資訊，我們無法像閱讀文字資訊一般從頭到尾看過一遍就懂。因此，我們必須培養「判讀數據」的能力。而我們首先應做的便是下列兩個步驟：第一件事便是要利用圖表掌握數據的概觀與特徵。次數分布表、長條圖、散布圖等圖表的用處就在這裡。接下來，我們必須利用數值來簡化數據，得到更加詳細的資訊。透過運用平均、散布、標準差等統計量，便能得知數據分布的中心或分散程度。第 2 部整理了判讀數據時必備的知識。

數據的維度

數據的種類形形色色，每種類型都有最合適的判讀方式與分析方法。本章將解說這些基本事項，爲接下來的論述做準備。

假設我們隨機抽選 10 名小學一年級學生測量身高，並得到下列數值：

| 111.6 cm | 122.5 cm | 123.9 cm | 109.2 cm | 115.9 cm |
| 128.3 cm | 115.3 cm | 111.4 cm | 121.7 cm | 118.6 cm |

這些測量值的集合便稱作**數據**。而測量對象的屬性（在本例中便是身高）則被稱作**變量**或**變數**。上述數據便是測定身高這項單一變量，因此被稱爲**單變量數據**或**單維度數據**。

相對的，若是測量這 10 人的身高與體重這 2 項變量，並得到下列數值：

(111.6 cm, 20.1 kg)　(122.5 cm, 24.3 kg)　(123.9 cm, 22.7 kg)
(109.2 cm, 15.3 kg)　(115.9 cm, 21.8 kg)　(128.3 cm, 23.2 kg)
(115.3 cm, 19.1 kg)　(111.4 cm, 12.8 kg)　(121.7 cm, 19.7 kg)
(118.6 cm, 16.2 kg)

那麼這便會被稱爲**二變量數據**或**雙維度數據**。單變量數據通常會以下列形式記述：

$$x_1, x_2, \cdots, x_n$$

此處的是代表數據的數量（樣本的大小）。另外，**二變量數據**通常會以下列形式記述：

$$(x_1, y_1), (x_2, y_2), \cdots, (x_n, y_n)$$

當然，若是只關注二變量數據中的其中一項變量，就能將它視爲單變量數據。

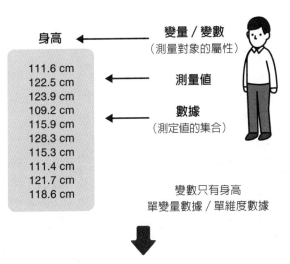

統計資訊的名稱

ex：隨機抽選的 10 個人的身體資訊

身高

變量／變數
（測量對象的屬性）

111.6 cm
122.5 cm
123.9 cm
109.2 cm
115.9 cm
128.3 cm
115.3 cm
111.4 cm
121.7 cm
118.6 cm

測量值

數據
（測定值的集合）

變數只有身高
單變量數據／單維度數據

身高與體重

(111.6 cm, 20.1 kg)
(122.5 cm, 24.3 kg)
(123.9 cm, 22.7 kg)
(109.2 cm, 15.3 kg)
(115.9 cm, 21.8 kg)
(128.3 cm, 23.2 kg)
(115.3 cm, 19.1 kg)
(111.4 cm, 12.8 kg)
(121.7 cm, 19.7 kg)
(118.6 cm, 16.2 kg)

將體重加入後……

變數有兩項，因此是
二變量數據／雙維度數據

三變量數據、p 變量數據（p 能代入任何數字）等多
變量數據的定義也是一樣

量化資料與質性資料

以數值形式呈現觀察值的變量稱作**量化變量**。上一節提到的身高與體重便是量化變量。此外，零件的壽命、股價或店家的來客數也都是如此。而透過測量量化變量獲得的數據被稱作**量化資料**。

量化變量可分為離散型與連續型。只能取得 0, 1, 2, …等散在數值的變量或數據稱作**間斷型**。如交通事故件數、疾病的罹患者數等以**計數**（人數或件數、次數、個數等）表示的變量或數據皆屬於離散型。

相對的，從連續性的值取得的變量或數據稱作**連續型**。上一節提到的小學一年級兒童的身高與體重便是連續型數據的例子。一般而言，長度或重量、時間與它們的比值都是連續型變量。此外，股價、匯率或考試分數等嚴格說來是屬於離散型，但由於其最小單位夠小（或我們假定其背後有著連續的結構），因此我們有時也會以近似於連續型的方式來處理這些變量。

就像在詢問職業的問題中回答「公務員」、在滿意度的問題中回答「有點滿意」的情形一般，有時我們得到的回應會以**屬性**、**項目**或**類別**的形式呈現。這些變量稱作**質性變量**，而透過測量質性變量獲得的數據被稱作**質性資料**。男性或女性、未婚或已婚、支持或不支持某政黨等以二擇一形式呈現的**二值資料**也屬於此。我們可以用「支持＝1」、「不支持＝0」的方式，以 0 與 1 的數值描述二值資料。在這個情況下，數據的和便會與「回答支持的人數」相等。

資料的種類

觀察值是數值的變量

→**量化變量**

＊測量量化變量的數據

→量化資料

ex：股價、身高、體重、來客數

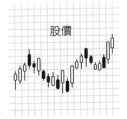
股價

觀察值是將屬性或項目轉化為值的變量

→**質化變量**

＊測量質性變量的數據

→質性資料

ex：性別、已婚／未婚、支持／不支持

性別

☐ 男性

☑ 女性

數據的測量尺度

　　我們會根據測定數據或變量時使用的單位與尺度性質不同，將數據與變量分類為名目尺度、順序尺度、等距尺度、等比尺度這四項水準（**測量尺度**）。

　　名目尺度是用來處理「分類」、「區別」類型變量的尺度，如性別、國籍或職業種別就是典型例子。相對的，擁有順序或大小關係的分類、區別或類別則稱作**順序尺度**。例如滿意度（不滿意・有點不滿意・普通・有點滿意・滿意）、評鑑（優・良・可・不可）或需看護指數皆是屬於此類。在順序尺度的情況下，有時我們會以經過整合的數值來描述順序關係，如滿意度就是以 5 分作為滿分（不滿意：1. 有點不滿意：2. 普通：3. 有點滿意：4. 滿意：5）進行評價的。但是，這並不代表「不滿意」與「有點不滿意」的差是 1。相對的，**等距尺度**則是能處理變量間有意義的差的尺度，像溫度、西曆與考試分數皆是屬於此類。而**等比尺度**不僅是間隔，就連比率也具有意義的尺度，像速度、長度與面積皆是屬於此類，其特徵是具有原點（絕對零點）。

　　雖然 5 cm 是 2 cm 的 2.5 倍，但我們不能說 5℃是 2℃的 2.5 倍。但是，5 cm 與 2 cm 的差是 3 cm，而 5℃與 2℃的差也是 3℃，兩者在間隔上都具有意義。由此可知，等比尺度有滿足等距尺度的條件。我們能從這件事實宣稱等比尺度的**水準較**等距尺度**高**。這四項測量尺度的水準從高至低的排列依序為等比尺度、等距尺度、順序尺度、名目尺度。

　　一般來說，質性變量是屬於名目尺度或順序尺度，而量化變量的水準則是等距尺度或等比尺度。

四項幫助數據或變量進行分類的測量尺度

尺度名稱	概要	例	對應變量
名目尺度	用來表達分類或區別的變量尺度	性別、國籍、職業別等	質性變量
順序尺度	用來表達具有大小關係的變量尺度	評鑑（優・良・可）、需看護度等	
等距尺度	用來表達數值差距的變量尺度	溫度、西曆等	量化變量
等比尺度	用來表達數值差距，且具有比率意涵的變量尺度	速度、長度、面積等	

等比尺度能進行加減乘除的各類運算，但等距尺度的變數只有在相加與相減的情況下才具意義。順序尺度與名目尺度雖然也能在形式上求和或計算平均數，但其數值未必具有意義。

橫斷資料與時間序列資料

　　社會與經濟領域中的數據可大致分爲橫斷資料與時間序列資料。所謂的**橫斷資料**（cross-sectional data），就是指在某一個時間點從複數個體（企業、地域或地區、受試者等）的觀察值中取得的數據。比方說，2016年的日本 47 都道府縣的居民所得的數據便是屬於此類。在這裡我們關注的是地域間的貧富差距與經濟活動的分布。相對的，**時間序列資料**指的則是從單一個體的多個時間點的觀察值中取得的數據。如自 2000 年至 2016年爲止山口縣的年消費支出的數據便是一例。時間序列資料能夠提供時間性的數據變動資訊。而兼具雙方特性的數據，也就是從複數個體的多個時間點的觀察值中取得的數據，當然也受到廣泛利用。這類數據稱作**縱橫資料**。

　　在分析所得或支出等金額的時間序列資料時，我們也必須考慮因物價變動而造成的影響。這是因爲就算去年與今年的消費支出金額相同，若是這 1 年間的物價上升了 3%，則意味著貨幣的價值下降 3%。因此，我們必須用**消費者物價指數**等**物價指數**來調整數據數值（進行**實質化**）。調整後的值稱作**實質值**，而調整前的值稱作**名目值**。物價指數將基準時間點設爲100，並將 1% 的物價上漲記爲 101，因此實質值的調整方式如下：

實質值 = 100× 名目值 / 物價指數

右頁的圖表便是自 2008 年起勞工家庭的消費支出時間序列資料。我們可以從中得知，由於 2013 年物價有上升的傾向，實質值也隨之下滑。

透過實質化來理解數據的變動

以 2010 年為基準時間點

年	2008	2009	2010	2011
名目消費支出	291,498	283,685	283,401	275,999（日圓）
物價指數	102.1	100.7	100	99.7
實質消費支出	285,502.4	281,713.0	283,401.0	276,829.5（日圓）
年	2012	2013	2014	2015
名目消費支出	276,830	280,642	280,809	276,567（日圓）
物價指數	99.7	100	102.8	103.6
實質消費支出	277,663.0	280,642.0	273,160.5	266,956.6（日圓）

1 個月間全戶口之中的勞工家庭

消費支出的時間序列

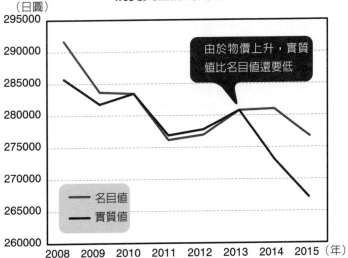

由於物價上升，實質值比名目值還要低

（日圓）

名目值

實質值

「家計調查年報（2015 年）」「消費者物價指數年報（2015 年）」

出處：總務省統計局

▶ 05

數據的設限與截斷

　　有時數據中的部分資訊會有所闕漏或遺失。這類情形有著各式各樣的成因，其中應該先知道的是**設限**與**截斷**這 2 項。就讓我們用舉例來說明數據的**設限**：假設我們為了調查製品壽命，從該製品之中挑選樣本，並進行製品故障時間的測量調查。但是調查時間有最多到 1000 小時的限制。在這個情況下，雖然我們能測出調查時間內故障的製品壽命，但其他仍未故障的產品的壽命則是「只知道在 1000 小時以上」。設限所指的就是因這類情形造成的數據資訊闕漏。此外，二度求職之間的失業期間長度調查也有可能發生同樣的事。此外，住戶所得調查中在一定金額（例：2000 萬日圓）以上的收入不管是多少，都只會記錄為「2000 萬日圓以上」的情況，也是屬於數據的設限。

　　讓我們用舉例來說明數據的**截斷**：假設我們在進行妻子收入在 130 萬日圓以上的家庭家計調查，或者是以員工數在 50 人以下的企業為對象進行的調查，都是只將位於一定範圍的數值當作觀察對象。不在該範圍的數值不會被採納為數據。由於實驗數據與檢查數據無法記錄不在檢測器具有效測量範圍的數值，因此也會產生必須截切的情形。

　　設限與截切雖然看似相同，但在設限的情況中，我們能夠知道各個測定值有沒有受到設限，得知設限數據的數量。然而在截斷的情況中，不在範圍之內的數據並不會被記錄，因此我們無法得知其數量。

設限

ex：將調查時間設定為有著 1000 小時的
限制，並調查製品故障時間的情況

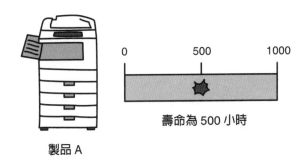

壽命為 500 小時

製品 A

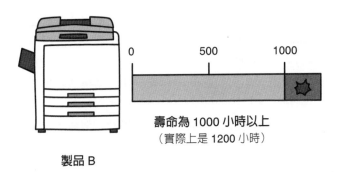

壽命為 1000 小時以上
（實際上是 1200 小時）

製品 B

由於製品 B 的壽命長度在調查期間之上，我們只能知
道其壽命在 1000 小時以上，實際數據將無法被記錄。

次數分布表

　數據分析的第一步，是透過效率性的整理與彙整，化約出數據的特徵。而整理與彙整的方法，有 (i) 使用圖表以及 (ii) 使用數值的兩種方法。圖表適合用於大略掌握數據的分布。而數值的歸納能幫助我們正確地理解數據。本章將概略說明利用圖表來進行整理與彙整的方法。

　最基本的單變量數據的歸納法便是**次數分布表**與**直方圖**了。表 1 是日本各都道府縣的房租數據。就算我們依照編號順序瀏覽，應該也無法理解它的特徵吧。但是，只要閱讀表 2 的次數分布表，就能立刻得知各種資訊。比方說，我們能夠知道被納入 1200 日圓以上、未滿 1400 日圓範圍之中的都道府縣最多，也能知道未滿 2000 日圓的樣本占全體的 83%。

　當我們依照數值大小將數據分類整理為數個**層級**時，列入各個層級中的數據個數便稱作**次數**。讓層級與次數相互對照的作法稱作**次數分布**，而它的表格則稱作**次數分布表**。次數的總和與數據的數目（在此處為都道府縣的總數 47）相同。**層級值**是指代表各層級的數值，該值採用的是層級中的下限與上限的正中間的值。此外，各層級的次數在全體數據數目之中占的比例稱作**相對次數**。相對次數的總和應是 1。**累積次數**則是累積至該層級為止的次數累積值。最後的層級的累積次數應與數據數目一致。

　次數最大的層級，將會被看作是數據分布中心的層級。這個層級的層級值被稱作**眾數**。

圖表重點！一看就懂

公營租賃住宅房租的次數分布表

表1					表2				
都道府縣	公營租賃住宅房租	都道府縣	公營租賃住宅房租		層級		層級值	次數	相對次數	累積次數

都道府縣	公營租賃住宅房租	都道府縣	公營租賃住宅房租
北海縣	1,333	滋賀縣	1,725
青森縣	995	京都府	2,132
岩手縣	1,062	大阪府	1,954
宮城縣	1,487	兵庫縣	2,255
秋田縣	1,120	奈良縣	2,491
山形縣	1,254	和歌山縣	1,475
福島縣	1,067	鳥取縣	893
茨城縣	1,136	島根縣	1,014
櫪木縣	1,296	岡山縣	859
群馬縣	1,231	廣島縣	1,220
埼玉縣	2,651	山口縣	913
千葉縣	2,854	德島縣	946
東京都	3,623	香川縣	1,107
神奈川縣	3,346	愛媛縣	907
新潟縣	1,274	高知縣	1,015
縣富山縣	1,082	福岡縣	1,883
石川縣	1,176	佐賀縣	1,125
福井縣	1,123	長崎縣	1,276
山梨縣	1,269	熊本縣	1,272
長野縣	1,273	大分縣	1,203
岐阜縣	930	宮崎縣	1,012
岡縣	1,506	鹿兒島縣	1,278
愛知縣	2,044	沖繩縣	1,393
三重縣	964		日圓（1個月 3.3 m²）

表2

層級 以上	層級 未滿	層級值	次數	相對次數	累積次數
800	1000	900	8	0.170	8
1000	1200	1100	12	0.255	20
1200	1400	1300	13	0.277	33
1400	1600	1500	3	0.064	36
1600	1800	1700	1	0.021	37
1800	2000	1900	2	0.043	39
2000	2200	2100	2	0.043	41
2200	2400	2300	1	0.021	42
2400	2600	2500	1	0.021	43
2600	2800	2700	1	0.021	44
2800	3000	2900	1	0.021	45
3000	3200	3100	0	0.000	45
3200	3400	3300	1	0.021	46
3400	3600	3500	0	0.000	46
3600	3800	3700	1	0.021	47
計			47	1.000	

「社會生活統計指標—都道府縣指標—2015」出處：總務省統計局

＊數據為 2013 年的資料

在觀看都道府縣的房租數據時，只要使用表2的次數分布表的呈現方式，便能讓人從中判讀出各式各樣的資訊。

▶ 02

直方圖表

直方圖是用柱狀圖呈現次數分布表結果的圖表。右頁的圖便是前一節的次數分布表的直方圖。橫軸代表層級值、縱軸代表次數（有些情況會用縱軸代表相對次數）。藉由觀察直方圖，便能夠用視覺掌握數據分布的概要。用縱軸代表相對次數的直方圖，則是會對應到將在第 11 章第 2 節解說的機率密度函數。

閱讀直方圖時應注意的關鍵在於，(i) **波峰是 1 個還是 2 個以上**；(ii) **中心的位置**；(iii) **分散程度**；(iv) **形狀**（請特別注意坡度）；(v) **極端值**這 5 項。當波峰是 1 個的情況下，直方圖便稱作**單峰**。在這個情況下，波峰的頂點對應的柱條便會被視為是分布的中心，我們也會從該處開始檢測分散的程度。但是當波峰有 2 個以上的情況下，測量對象便有可能是來自於複數的異質性集團。比方說，某一年死亡人口的死亡年齡分布，依照年齡與國家的不同而呈現 2 個波峰。一方是老齡死去的波峰，另一方則是嬰幼兒年齡死去的波峰。由於兩群組有著異於彼此的性質，即便將兩者合併，我們也無法得知合併後的分布中心是否具有意義。因此隨著分析目的的不同，有時我們必須先讓群組相互分離。

我們能目視判斷出右頁的圖是屬於單峰。波峰的頂點的層級值（即是眾數）是 1300 日圓。而自 900 日圓開始至 1600 日圓之間的數據占全部數據的 75%，且右邊坡度的分布呈綿長狀。這種形狀（擁有少數極大值的數據）的分布稱作**向右傾斜的分布**。這類分布有許多數據向右傾斜，典型例有所得與儲蓄等等。當分布向右傾斜時，我們必須注意平均值的數值會大於眾數。

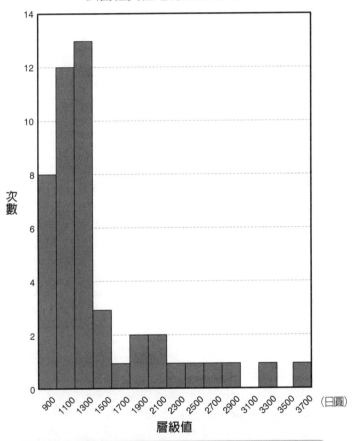

公營租賃住宅房租的直方圖

次數

900 1100 1300 1500 1700 1900 2100 2300 2500 2700 2900 3100 3300 3500 3700 （日圓）

層級值

直方圖是用柱狀圖呈現次數分布表結果的圖表。另外，直方圖與次數分布表，都是只要得知其中一方，便能繪製出另一方圖表，兩者能相互對應。換句話說，無論是哪種圖表都具備相同的資訊。

▶ 03

五數概括法與盒型圖

　　本節將說明單變量數據的**五數概括法**與用來呈現它的圖表**盒型圖**。當我們用遞升次序（由小至大）爲數據進行排列時，在次序上與由小開始的 25%、50%、75% 相對應的 3 個數值稱作**四分位數**，它們依序爲**第 1 四分位數** Q_1、**第 2 四分位數** Q_2、**第 3 四分位數** Q_3。而第 2 四分位數與將在第 4 章第 2 節解說的**中位數**相同。

　　彙整最小值、四分位數 (Q_1, Q_2, Q_3)、最大值這 5 項數值的方法便稱作五數概括法。右表便是運用**五數概括法**來呈現第 3 章第 1 節房租數據的結果。最大值與最小值的差稱作**全距**。第 3 四分位數 Q_3 與第 1 四分位數 Q_1 之間涵蓋了距數據中心較近的 50%（亦能稱作四分位差）。因此，$Q_3 - Q_1$ 告訴我們關於數據主要構造在全體中所佔的範圍。這個數值稱作**四分位距**。在房租數據的例子中，其範圍＝ 3623－859 ＝ 2764 日圓，其四分位距＝ 1496.5－1064.5 ＝ 432.0 日圓。

　　盒型圖是由「盒」與「鬚狀線」所構成，鬚狀線的兩端代表最小值與最大值，盒的兩端代表第 1 四分位數與第 3 四分位數，盒中的直線則代表第 2 四分位數。

　　鬚狀線兩端的長度相當於範圍，盒的長度則相當於四分位範圍。我們能透過盒中第 2 四分位數的所在位置，進而得知數據分布的形狀。當分布左右對稱時直線將位於盒的中央，但當直線偏左時便代表分布是向右傾斜，直線偏右時則代表分布是向左傾斜。

表	
最小值	859.0
第 1 四分位數 Q_1	1064.5
第 2 四分位數 Q_2	1254.0
第 3 四分位數 Q_3	1496.5
最大值	3623.0

此範圍涵蓋了距數據中心較近的 50%

盒型圖

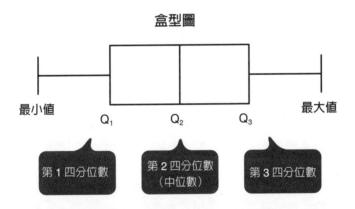

最小值　　Q_1　　Q_2　　Q_3　　最大值

第 1 四分位數

第 2 四分位數（中位數）

第 3 四分位數

盒型圖的繪製方法不只有一種。本處介紹的是最初階的做法，另外還有能呈現數據的散布程度等更加精確詳細的盒型圖。

▶ 04

時間序列圖

　　由於時間序列資料是依照各時間點的順序排列，因此重新整理排列的動作會讓資訊受到嚴重損害。因此，會依照數值大小整理排列數據的次數分布表或直方圖並不適用於此。在大多情況，時間序列資料的平均數或標準差（第 4 章第 1 節與第 5 章第 3 節）也不具特別意義。

　　右頁的圖 1 是將日經平均股價的月別數據，依照時間順序繪製折線圖而成的圖表。這種圖表稱作**時間序列圖**，是整理時間序列資料最基本的方法。閱讀時間序列圖時應注意的關鍵在於，(i) 有無**趨勢**；(ii) 分散程度是否等距。舉例來說，圖 1 的時間序列圖便能觀察出平緩的上升趨勢。

　　通常時間序列資料關注的對象是**時間變化率**的變動。而時間序列資料中時間點的**時間變化率** y_t 則被定義爲：

$$y_t = (x_t - x_{t-1})/x_{t-1}$$

本式也能乘以 100，以百分比的 % 來呈現。本式亦能寫成 $x_t = (1 + y_t)/x_{t-1}$。這是因爲當時間變化率 y_t 是 0% 時，x_t 的值會與 x_{t-1} 的值相等，而當 y_t 當是 10% 時，x_t 的值則會較 x_{t-1} 多出 10%。當 x_t 代表的是 GNP 時，時間變化率便代表 GNP 成長率；x_t 代表的是股價數據時，時間變化率則稱作**股價收益率**。圖 2 是日經平均的股價收益率的時間序列圖。當資料的分散程度安定地分布於一定水平之中的周遭，而且任何一段時間區間都呈現相似變動的話，這樣的時間序列便稱作**平穩性時間數列**（第 19 章第 2 節），而我們可以看出圖 2 的性質相當符合上述條件。我們能計算此類型時間序列的平均數與標準差，並測量出其分布的中心與分散程度。股價收益率的平均數稱作**利潤**，標準差則稱作**風險**。本例中的利潤爲 1.3%，風險則是 4.9%。

（日圓）　　　　圖1　日經平均股價的時間序列圖

圖2　股價收益率的時間序列圖

日經平均股價 © 日本經濟新聞社

▶ 05

相關與散布圖

　　先前的章節都是將重點放在單變量數據的圖像化整理。本節則將解說二變量數據的整理與彙整方式。在這個情況下，我們所關注的是 2 個變量，如 GNP 與二氧化碳排放量、景氣與犯罪發生率之間具有什麼關係，以及它們之間的關係強度大小。

　　當數據是連續變量時，我們能夠利用**散布圖**讓 2 個變量的關係一目瞭然。散布圖是用二次元平面的點來呈現數據，右頁圖 1 便是 10 名小學一年級兒童身高與體重的二變量數據（第 2 章第 1 節）的散布圖。兒童的測定值分布呈遞增趨勢，我們能藉觀察得知，身高較高的兒童大致上體重也有較重的傾向。這種單方變量的增加會讓另一方變量跟著增加的關係，稱作具有**正相關**。而與上述相反的關係，意即當單方變量的增加會讓另一方變量減少的情況，則稱作具有**負相關**（右頁的圖 2）。另外，當看不出兩者的關係時則稱作**無相關**（右頁的圖 3）。

　　相關關係不僅分為**有無**與**正負**，還具有**強弱**。**強相關**意味著兩變量的關係**較接近直線**。圖 4 是顯示出強正相關，圖 5 則是顯示出強負相關的散布圖範例。而當所有的數據都位於一條直線上時，代表 2 變量之間具有**完全的相關**。由於相關關係所指的是直線上的關係，因此曲線上的關係（即便數據幾乎完全位於曲線上）並不會被稱作相關關係。

　　質性資料則是會使用**列聯表**（請參照第 6 章第 5 節）進行彙整，而我們在此關注的也是變量間的關聯性與獨立性。

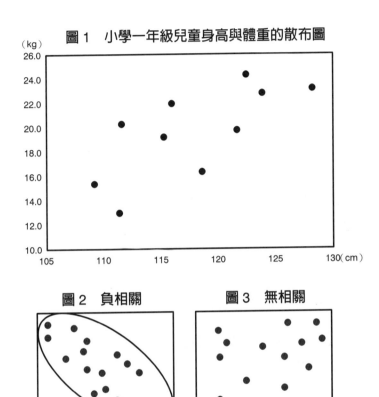

圖1　小學一年級兒童身高與體重的散布圖

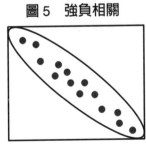

圖2　負相關　　　　　　　圖3　無相關

圖4　強正相關　　　　　　圖5　強負相關

平均數

　　在前一章，我們學習了利用圖表來整理數據，並讓它的分布可視化的方法。接下來，我想介紹利用數值來進行整理與彙整的方法。在本章，我們將學習呈現數據分布中心的**平均數**、**中位數**、**眾數**這 3 項數值指標。

　　平均數的定義是數據的合計值除以數據個數。

$$平均數 = \frac{數據總和}{數據個數}$$

比方說，右頁的成績數據（表 1）平均數為：

$$平均數 = (4 + 3 + \cdots + 2)/20 = 80/20 = 4 \text{ 分}$$

平均數與原先數據的單位相同。因此，右頁 10 名小學一年級兒童的身高數據（表 2）的平均數為：

$$平均數 = (111.6 + 122.5 + \cdots + 118.6)/10 = 1178.4/10 = 117.8 \text{ cm}$$

　　一般而言，若是我們用 $x_1, x_2, \cdots, x_n$ 來呈現由 n 筆測定值所構成的數據，則它的平均數（讓我們用 M 代換）將會被定義為：

$$M = \frac{1}{n}(x_1, x_2, \cdots, x_n)$$

　　在右頁的圖中，若是我們將各個數據都看作重量相同（假設為 1 g）的方塊，則剛好能維持平衡的支點位置刻度便會是平均數 M。換句話說，平均數可以看作是分布的**重心**。

| 在由 20 人組成的班級進行滿分 10 分的測驗，成績如下表。 | | 隨機抽選 10 名小學一年級兒童並進行身高測量，結果如下表。 | |

表1		表2	
編號	分數（分）	編號	身高（cm）
1	4	1	111.6
2	3	2	122.5
3	8	3	123.9
4	6	4	109.2
5	10	5	115.9
6	5	6	128.3
7	5	7	115.3
8	1	8	111.4
9	4	9	121.7
10	1	10	118.6
11	5		
12	0		
13	6		
14	3		
15	3		
16	3		
17	2		
18	2		
19	7		
20	2		

能讓左右數據的重量相互制衡的點＝平均數 M

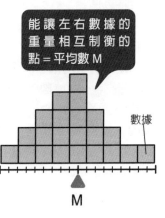

數據

M

中位數

在定義上，當將數據按照數值大小依序排列時，順序恰好落在中間的測定值便是**中位數**。中位數和平均數一樣，都是用來呈現數據分布中心的數值。中位數也可稱作**中值**。

在按照數值大小依序為 5 個測定值排列時第 3 個測定值便是中位數；若是測定值共有 7 個，則第 4 個測定值便是中位數。因此，若要找出 {2,8,3,6,3,2,5} 這組數據的中位數，首先應該依升序排列：

2,2,3,3,5,6,8

並找出這組數列的第 4 筆數據「3」。當然，就算依降序排列，結果也是一樣。若數據個數為偶數個，如共有 8 個的情況，則第 4 個與第 5 個便相當於中央，而中位數則定義為這兩個測定值的平均數。也就是說，若是我們在剛剛那組數據中加入「7」，變成具有 8 個數的 {2,8,3,6,3,2,5,7} 的話，其中位數將會是 $(3+5)/2 = 4$。

一般來說，若數據的個數為奇數的 $(2k+1)$，則按照數值大小排序時的第個測定值將被定義為中位數。若數據個數為偶數的 $(2k)$，則「第 k 個與第 $(k+1)$ 個測定值的平均數」將會是中位數。

相較平均數而言，中位數有著不容易受極端值影響的特徵。舉例來說，{1,2,3,6,8} 這組數據的平均數是 4，中位數則是 3。若是我們將這組數據最後的 8 換為 80，變成 {1,2,3,6,80} 的話，平均數雖然會增加為 18.4，但中位數仍然還是 3。請務必留意，在分析所得與儲蓄等存在著少數金額龐大家庭的數據時，中位數比平均數更能呈現出貼近現實的數值。

例1				
資料編號	數據		順序 (資料編號)	升序排列
1	2		1(1)	2
2	8		2(6)	2
3	3		3(3)	3
4	6		4(5)	3
5	3		5(7)	5
6	2		6(4)	6
7	5		7(2)	8

將數據重新排列後…

中位數是第 4 個「3」

例2				
資料編號	數據		順序 (資料編號)	升序排列
1	2		1(1)	2
2	8		2(6)	2
3	3		3(3)	3
4	6		4(5)	3
5	3		5(7)	5
6	2		6(4)	6
7	5		7(8)	7
8	7		8(2)	8

將數據重新排列後…

中位數是第 4 個「3」與
第 5 個「5」的平均數「4」

在分析所得或儲蓄等存有少數金額龐大家庭的情況時，中位數的數值會比平均數更貼近現實。

眾數

如同先前介紹的，**眾數**也是呈現數據分布中心的數值。在分好階層的次數分布表已整理妥當的情況下，眾數的定義是「次數最大階層的階層值」。至於在第 4 章第 1 節的成績數據等沒有分配階層的情形下，眾數則會是次數的最大值。前述成績數據的眾數是 3 分。

眾數不僅適用於量化資料，也能用來定義像右頁表格車禍原因資料等質性資料。我們將「次數最大的類別」定義為眾數。表中數據的眾數是「追撞」。

好了，我們已在本章學習平均數、中位數、眾數這幾項中心的指標。成績數據的眾數、中位數、平均數分別如下：

眾數 = 3，中位數 = 3.5，平均數 = 4

由此可見這些數值未必一致。其實，當數據分布**向右靠攏時，它們的大小順序將會是**

眾數 ≦ 中位數 ≦ 平均數

請注意，當數據分布傾斜程度愈強時，這些數值相互偏離的程度也會愈大。如同右頁圖所示，通常儲蓄的分布會向右傾斜。另外，眾數（未滿 100 萬日圓）、中位數（761 萬日圓）、平均（1309 萬日圓）之間的偏離程度非常大。而當數據分布向左傾斜時，順序將會相反（平均數 ≦ 中位數 ≦ 眾數）。另外，當數據分布呈左右對稱時，3 者的大小會大致相同（平均數 ≒ 中位數 ≒ 眾數）。在分析數據時，請切記要先利用直方圖觀察數據分布的情況，並確認傾斜程度。

表　公車車禍的原因與件數		
項目	次數	相對次數 (%)
正面相撞	2	0.7
追撞	128	42.4
交叉路口相撞	38	12.6
超車時	23	7.6
錯車時	79	26.2
迴車時	32	10.6
合計	302	100.0

出處：　『車輛運送產業相關交通事故主因分析檢討會報告書（2011
　　　　年度）』（國土交通省自動車局）的圖 39（p. 37）
　　　　＊資料內容為 2009 年度的數據

圖　分布向右傾斜的情況

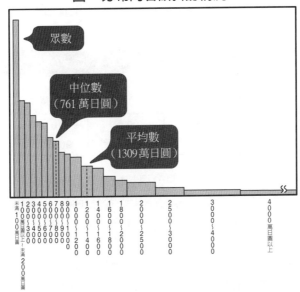

『家計調查年報（儲蓄、負債篇）（2015 年）』出處：總務省統計局

當數據分布如同本圖向右傾斜，則它們的大小順序
為眾數 ≤ 中位數 ≤ 平均數。

▶ 04

加權平均數

　　在分析數據時，我們經常需要用某種特定的基準去比較兩個群組。比方說，假設我們爲了比較同一業界的兩間公司（A 社與 B 社）的工資，隨機從兩間公司各抽選出 100 名男性正職員工並計算他們的平均工資，得到下列結果：

　　　　A 社：630 萬日圓　　B 社：600 萬日圓

從這項結果來看，我們便能得知 A 社的平均工資較 B 社高。但是，若是我們假設這 2 間公司的各個年齡層分布與年齡層工資如下，結果又會如何呢？

	20 多歲	30 多歲	40 多歲	50 多歲	60 多歲
A 社	15 人 （300 萬元）	25 人 （500 萬元）	25 人 （700 萬元）	20 人 （900 萬元）	15 人 （700 萬元）
B 社	30 人 （400 萬元）	30 人 （600 萬元）	20 人 （700 萬元）	10 人 （900 萬元）	10 人 （700 萬元）

　　從這個數據我們可以得知，兩間公司都擁有年功序列制的工資體系，觀察各年齡層便能得知 B 社的工資較高（或者是相同）。然而，由於 B 社年輕層較厚，從平均數看來工資會比 A 社來得低。只要考量到這項事實，就能知道單純比較兩者平均的作法並不妥當。

　　有一種對應方法，便是先整理兩間公司的年齡分布，再來計算平均數。比方說，只要我們將 A 社的年齡分布設定爲基準，並依此計算 B 社平均數，則各間公司的平均數將會如同右頁，B 社的工資也會較 A 社高。這裡的平均數稱作**加權平均數**，其意義即是「將 A 社年齡分布權值加權的**加權平均數**」。而權值的加權方式也會依分析目的的不同而有所變化。舉例來說，我們也能使用這個業界的所有男性年齡分布當作權值進行加權。

A 社工資			B 社工資		
年齡層	人數 （人）	年收入 （萬日圓）	年齡層	人數 （人）	年收入 （萬日圓）
20 多歲	15	300	20 多歲	30	400
30 多歲	25	500	30 多歲	30	600
40 多歲	25	700	40 多歲	20	700
50 多歲	20	900	50 多歲	10	900
60 多歲	15	700	60 多歲	10	700
合計	100		合計	100	

A 社的加權平均數 =
{15×300 + 25×500 + 25×700 + 20×900 + 15×700}/100
= 630 萬日圓

B 社的加權平均數 =
{15×400 + 25×600 + 25×700 + 20×900 + 15×700}/100
= 670 萬日圓

加權平均數被廣泛用於物價指數、數量指標指數、樣本調查等多項領域。

▶ 05

關於平均數的計算

如果我們要求 $(-2, -1, 1, 1, 2)$ 的平均數,應該沒有什麼困難吧。

平均數是 $M = (-2-1+1+1+2)/5 = 1/5 = 0.2$。那麼下列數據又會是如何呢?

9998, 9999, 10001, 10001, 10002………   (1)

又或者,

$-0.004, -0.002, 0.002, 0.002, 0.004$………   (2)

的平均數是多少呢?

(1) 中的數據是將原本的數據加上 10000,另外,(2) 中的數據數值則是原本數據的 0.002 倍。在這些情況,我們可以利用原先數據的平均值 M,輕易計算出這些新的數據的平均值。事實上,(1) 中的數據平均數是:

$10000 + M = 10000.2$(只要將平均數加上 10000 即可)

另外,(2) 的數據平均數是:

$0.002 \times M = 0.0004$(只要計算平均數的 0.002 倍即可)

若要以一般形式記載,則我們能將由 $x_1, x_2, \cdots, x_n$ 所組成的數據的平均數定義為 M。接著,只要將數據乘以常數 a 並加上 b,便能得到新的數據如下:

$ax_1 + b, ax_2 + b, \cdots, ax_n + b$

我們能得知在 (1) 的數據中,$a = 1, b = 10000$;而在 (2) 的情形下,$a = 0.002, b = 0$。此時,新的數據的平均數將會是 $aM + b$。

讓我們來證明：若將數據乘以 a 倍，則平均數也會變為 a 倍。

首先，讓我們先設定 $x_1, x_2, \cdots, x_n$ 這筆數據。

 乘以 a 倍後……

$ax_1, ax_2, \ldots, ax_n$

 求其平均數……

$(ax_1 + ax_2 + \ldots + ax_n)/n$

$= a \boxed{(x_1 + x_2 + \ldots + x_n)/n}$

$= aM$

求原先數據的
平均數（M）
的公式

▶ 01

平均差

　　在分析數據時，只靠平均數或中位數等中心的指標，無法得到充分的資訊。比方說，假設有一筆數據的內容是 100 人所接受的測驗分數，而我們已知道平均分數是 60 分。但光是知道平均分數的資訊，無法得知某位分數是 80 分的考生位於全體之中的什麼位置，像是排名是前幾 %。這是因為這些資訊也和得分分布的分散程度有所關連。

　　為了方便說明呈現數據的分散程度的指標，請以右頁表 1 的數據 A 與數據 B 為例想想看。由於兩者的平均數都是 10，因此分布的中心位置相同。那麼，究竟是哪組數據的分散程度較大呢？答案顯然是數據 A。事實上，整體看來數據 A 的測定值都偏離平均數的 10，這點從右頁的圖也看得出來。為了讓這項事實更明瞭易懂，我們取得各個測定值與和平均數的差並整理出表 2。這個值稱作**偏差**。在評估數據的分散程度時，我們不會用到正負的資訊。因此，像表 3 這種具備偏差的絕對值資訊，便已足夠我們使用。這個值（絕對偏差）愈小，數據就會愈集中於平均數的附近；這個值愈大，數據就愈會散落於各處。而**平均差**的定義便是絕對偏差的平均數。數據 A 的平均差為：

$$平均差 = \frac{6+6+1+1+2+3+4+5}{8} = \frac{28}{8} = 3.5$$

我們也能以相同算法得知數據 B 的平均差為 0.75，進而得知數據 A 的分散程度比較大。

表 1　數據									
數據 A	4	4	9	9	12	13	14	15	平均數 = 10
數據 B	8	9	10	10	10	10	11	12	平均數 = 10

圖

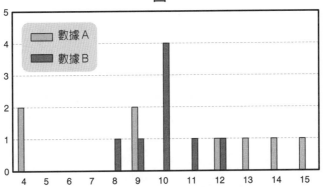

表 2　偏差								
數據 A	-6	-6	-1	-1	2	3	4	5
數據 B	-2	-1	0	0	0	0	1	2

表 3　絕對偏差								平均差
數據 A	6	6	1	1	2	3	4	3.5
數據 B	2	1	0	0	0	1	2	0.75

▶ 02

變異數

在測量分散程度時，有時我們不是使用偏差的絕對值，而是以開平方的方法處理。若將上一節表 3 的數據開平方，便能得到：

數據 A：36, 36, 1, 1, 4, 9, 16, 25
數據 B：4, 1, 0, 0, 0, 0, 1, 4

而**變異數**的定義便是這些值（偏差的平方）的平均數。若各個數據的位置四散、遠遠偏離平均數，則變異數就會愈大；相對的，若數據的位置集中於平均數的附近，則變異數就會愈小。數據 A 的變異數爲：

$$變異數 = \frac{36+36+1+1+4+9+16+28}{8} = \frac{128}{8} = 16$$

我們也能以相同的算法得知數據 B 的變異數爲 $(4+1+0+0+0+0+1+4)/8 = 1.25$，進而得知數據 A 的分散程度比較大。

在一般情況，變異數的定義式如同下述。若我們用 $x_1, x_2, \cdots, x_n$ 來表示數據（n 爲數據的數量），並用 M 來表示平均數，則各個測定值的偏差的平方可以寫成 $(x_i - M)^2$。由於變異數就是它們的平均數，因此也能以下列形式呈現：

$$變異數 = \frac{1}{n} \{(x_1 - M)^2 + (x_2 - M)^2 + \cdots + (x_n - M)^2\}$$

而成績數據的變異數則是如下：

$$變異數 = \frac{1}{20} \{(4-4)^2 + (3-4)^2 + \cdots + (2-4)^2\} = \frac{122}{20} = 6.1$$

由於變異數是將測量值開平方，因此單位也會被同時開平方（若是將數據乘以 a 倍，則變異數就會變成原來的 a^2 倍）。因此，這樣的作法會產生難以解釋數值的難點。而能夠彌補這點的，就是下一章即將介紹的標準差。

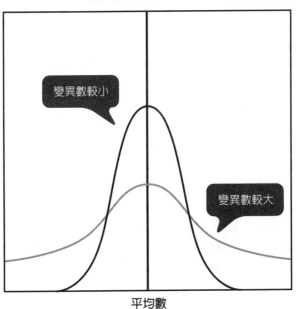

變異數的視覺概念

各個數據的分散程度若與平均數離得愈開，則變異數愈大；若愈集中於平均數附近，則變異數愈小。

▶ 03

標準差

　　由於變異數與原先的數據有著不同的單位，因此在解釋變異數數值時常
會發生不便。因此，為了讓它的單位與原先的數據相同，我們會取變異數
的平方根來解決問題。變異數（正數）的平方根稱作**標準差**。

　　比方說，由於成績數據的變異數是 6.1，標準差便會是它的平方根
2.47。一般的標準差公式如下所示：

$$S = \sqrt{\frac{1}{n}(x_1 - M)^2 + (x_2 - M)^2 + \cdots + (x_n - M)^2}$$

接下來，我們會用 S 這個記號來表示標準差。由於變異數是標準差的二
次方，因此我們會用來 S^2 表示變異數。

　　作為大致上的參考，標準差有著下列這項判讀方式。當數據分布左右對
稱並呈鐘型的情況（更準確地說，當數據屬於後面章節將介紹的**常態分布**
的情況）時，我們可以得知：

　　$M-S$ 以上與 $M+S$ 以下之間的範圍約涵蓋數據總數的 68.3%
　　$M-2S$ 以上與 $M+2S$ 以下之間的範圍約涵蓋數據總數的 95.4%
　　$M-3S$ 以上與 $M+3S$ 以下之間的範圍約涵蓋數據總數的 99.7%

（請參照右頁的圖）。上述範圍分別稱作 **1σ**（sigma）、**2σ**、**3σ 個範
圍**。在右頁表 1 的 3 月最高氣溫數據之中，由於平均數與標準差分別為
$M = 14.9℃$、$S = 4.2℃$，因此 1σ 個範圍是 10.7～19.1℃，在這個範圍內的
天數則是 19 天（61.3%）；2σ 個範圍是 6.5～23.3℃與 30 天（96.8%）；
3σ 個範圍是 2.3～27.5℃與 31 天（100%）。

表1 2016年3月的最高氣溫數據	
日期（3月）	最高氣溫（℃）
1日	10.3
2日	12.4
3日	16.4
4日	15.9
5日	16.3
6日	17.3
7日	15.5
8日	20.8
9日	14.9
10日	8.5
11日	6.1
12日	8.4
13日	9.2
14日	6.9
15日	14.1
16日	13.9
17日	20.4
18日	21.4
19日	16.7
20日	19.0
21日	13.8
22日	17.5
23日	18.0
24日	9.5
25日	14.4
26日	12.5
27日	16.1
28日	16.8
29日	18.6
30日	20.0
31日	20.2

表2	
平均數	14.9
標準差	4.2
1 Sigma 的範圍	10.7 以上
	19.1 以下
2 Sigma 的範圍	6.5 以上
	23.3 以下
3 Sigma 的範圍	2.3 以上
	27.5 以下
最小值	6.1
最大值	21.4

出處：氣象廳

圖
常態分布與 Sigma 的範圍的圖

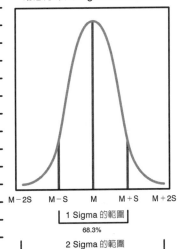

| M－2S | M－S | M | M＋S | M＋2S |

1 Sigma 的範圍
68.3%

2 Sigma 的範圍
95.4%

▶ 04

標準化（1）

　　右頁表 1 是 10 名高中一年級男生的體重數據。這個數據的平均數爲 $M = 60$ kg、標準差爲 $S = 10$ kg。第 10 筆測定值是 A 同學的體重，寫爲下式：

　　　$61.0 = 60.0 + 1.0$（kg）

因此 A 同學的體重比平均數還要重 1.0 kg。

　　另一方面，表 2 是 10 名新出生的男嬰體重數據。這個數據的平均數爲 $M = 3.0$ kg、標準差爲 $S = 0.5$ kg。第 10 筆測定值是 B 寶寶的體重，寫爲下式：

　　　$4.0 = 3.0 + 1.0$（kg）

可見 B 寶寶與平均數的差也是 1.0 kg。

　　雖然 A 同學與 B 寶寶都是比平均數還要重 1.0 kg，但兩者在體重分布中的相對位置卻是有很大的差異。高中生的 A 同學雖然與平均數差不遠，但新生兒的 B 寶寶卻與平均數隔有相當的距離。爲什麼兩者之間會有這種差異呢？這是因爲高中生的體重分布的分散程度比新生兒要來得更大。事實上，高中生體重的標準差 $S = 10$ kg 是新生兒體重的標準差 S $= 0.5$ kg 的 20 倍。

　　有種方法能夠讓兩者的差異變得一目瞭然。那就是用下列方式來呈現 2 人的體重：

　　　測定值＝平均數＋ ▓▓▓ × 標準差……（1）

如此一來，我們就能將標準差當成量尺上的刻度了。在下一節之中，我們將繼續說明標準化的步驟。

表1 高中生的體重		
編號	體重（kg）	標準化
1	58.5	-0.15
2	61.5	0.15
3	64.0	0.40
4	46.0	-1.40
5	56.8	-0.32
6	55.4	-0.46
7	84.5	2.45
8	48.0	-1.20
9	64.1	0.41
10	61.0	0.10

平均數 M = 60.0 kg
標準差 S = 10.0 kg

表2 新生兒的體重		
編號	體重（kg）	標準化
1	2.9	-0.20
2	3.1	0.20
3	2.8	-0.40
4	3.2	0.40
5	3.4	0.80
6	2.2	-1.60
7	2.8	-0.40
8	2.7	-0.60
9	2.8	-0.40
10	40	2.00

平均數 M = 3.0 kg
標準差 S = 0.5 kg

標準化（2）

　　接續前一節，(1) 式中的 ▆▆▆ 部分代表測定值距離平均數有幾個標準差遠。也就是說，先前算式中的標準差，發揮著衡量測定值與平均數之間分離程度的**刻度功用**。只要使用高中生與新生兒的體重進行計算，就能得知：

　　A 同學：61.0＝60.0＋ 0.10 ×10（A 同學比平均大出 0.1 個刻度）
　　B 寶寶：4.0＝3.0＋ 2 ×0.5（B 寶寶比平均大出 2 個刻度）

也就是說，在判讀高中生的體重測定值時，1 個刻度便是 10 kg。也因如此，A 同學比平均數大出 0.1 個刻度。相對的，在判讀新生兒體重的測定值時，1 個刻度便是 0.5 kg。因此 B 寶寶比平均數大出 2 個刻度。只要比較 0.1 與 2，就能清楚地看出 A 同學與 B 寶寶的差異了。

　　這個數值稱作**標準化**。只要透過標準化，我們就能得知各個測定值是位於數據分布之中的什麼位置。標準化的求法為：

$$標準化 = \frac{測定值 - 平均}{標準偏差} = \frac{測定值 - M}{S}$$

我們能透過求出上一節 (1) 式中的 ▆▆▆ 部分來得出這個數值。上一節的右頁表格都有記載各個測定值的標準化數值，請自行確認。**與平均數相同的測定值的標準化數值為 0。比平均數更大的測定值的標準化數值為正數，比平均數更小的測定值的標準化數值則是負數**。比方說，若在高中生的體重分布之中，有一筆測定值是 70 kg 的話，則它的標準化數值便會是 $(70-60)/10=1$。另外，50 kg 與 85 kg 的標準化數值分別是 -1 與 2.5。而若在新生兒的體重分布之中，有一筆測定值是 2.5 kg 的話，則它的標準化數值便會是 $(2.5-3.0)/0.5=-1$。

標準化與偏差值[1]的關係

其實考生最熟悉的偏差值就如同下表，與在本節學到的標準化呈一對一的對應關係。

從標準化數值計算出偏差值的算式如下：

$$偏差值 = (10 \times 標準化數值) + 50$$

標準化數值	偏差值
-3	20
-2	30
-1	40
0	50
1	60
2	70
3	80

平均分數會在這裡！

---

1 學力偏差值為日本用於評估學生大學入學考試能力的指標。

▶ 01

共變異數

我們將在本章的前半段介紹相關關係的有無、正負與強弱的指標**相關係數**。爲此，首先我們要弄清楚**共變異數**的概念。共變異數的判讀方式爲：

正相關 ⇔ 共變異數 > 0
負相關 ⇔ 共變異數 < 0

也就是說，**相關的正負與共變異數的正負是互爲一致的。**

讓我們用右頁表格中的小學一年級孩童身高體重的數據，來說明共變異數的定義。首先，我們要先針對每名孩童進行下列計算：

（身高–身高的平均數）×（體重–體重的平均數）
=（身高–117.8）×（體重–19.5）

這個數值便是「身高的偏差」與「體重的偏差」的積，因此稱作**偏差積**。如第 2 名孩童的值便是：

$$(122.5-117.8)\times(24.3-19.5)=22.56$$

（即是正數）。另外，第 5 名孩童的值則是 –4.37（負數）。右表記載著全員的偏差積數值，請各位記得過目。這些數值的平均數便是共變異數。也就是說，

身高與體重的共變異數 = $(-3.72+22.56+\cdots-2.64)/10=15.1$

共變異數必須連同單位一起討論。而在這組數據中，其單位便是 cm 與 kg。通常我們不會標示單位，但共變異數與單位互不分離的概念非常重要。事實上，若是我們將 cm 改爲 m，則共變異數的數值便會變爲 0.01 倍。另外，2 項變量在乘法公式中的順序並不會影響共變異數。

由於小學一年級孩童數據的共變異數是正數，顯示出 2 項變量具有正相關。這點與散布圖帶來的直觀印象相同。

表 小學一年級孩童的身高與體重			
編號	身高（cm）	體重（kg）	偏差積
1	111.6	20.1	-3.72
2	122.5	24.3	22.56
3	123.9	22.7	19.52
4	109.2	15.3	36.12
5	115.9	21.8	-4.37
6	128.3	23.2	38.85
7	115.3	19.1	1.00
8	111.4	12.8	42.88
9	121.7	19.7	0.78
10	118.6	16.2	-2.64
平均數	117.8	19.5	
標準差	5.6	3.6	

身高的平均數 M
= 117.8 cm
體重的平均數
M = 19.5 kg
共變異數
= 15.1

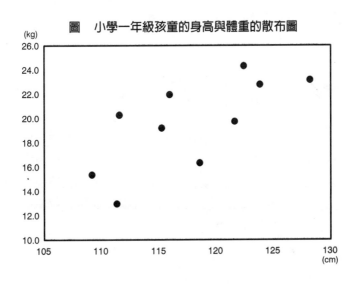

圖 小學一年級孩童的身高與體重的散布圖

▶ 02

共變異數的機制與相關係數

　　當具有正相關時，為什麼共變異數也會是正數呢？請參考右頁表格的 10 項偏差積。我們會發現它們的正數值比較多，而且比負數值大上不少。很自然地，它們的平均共變異數也會是正數。接下來請參考右圖。圖的正中央的縱線與橫線分別代表身高與體重的平均數，而 I 至 IV 的各個區域都是透過平均數的值來劃分的。這種劃分方式正好與共變異數（偏差積的平均數）的定義相互一致。實際上，I 與 III 區域的偏差積皆是正數，II 與 IV 則是負數。只要具有正相關，大多數的數據就會集中於 I 與 III 的區域，因此偏差積也會有很多正數值。另外，有些位於 I 與 III 區域中的數據與交點 A 離得很遠，這樣數值也會變得很大。而這就是當具有正相關時，共變異數也會是正數的理由。當具有負相關時，就會發生相反的事，共變異數將會是負數值。另外，無相關時正數與負數的值將互相相抵，數值將非常接近 0。

　　由於共變異數具有單位，因此要判斷它是否接近 0 並不是容易的事。而接下來我們要定義的**相關係數**，就是不受單位影響的相關指標。相關係數的定義為：

$$相關係數 = \frac{身高與體重的共變異數}{身高的標準差 \times 體重的標準差}$$

由於分母與分子的單位相同，因此相關係數不會受單位影響。另外，由於分母的值是標準差，因此分母必為正數。由此可知，相關係數的正負是由分子決定的。也就是說，**相關係數的正負與共變異數的正負是一致的**。因此，相關係數也與共變異數相同，當具有正相關時相關係數便是正數，當具有負相關時相關係數便是負數。

表 小學一年級孩童的身高與體重					
編號	身高（cm）	體重（kg）	身高的偏差	體重的偏差	偏差積
1	111.6	20.1	-6.2	0.6	-3.72
2	122.5	24.3	4.7	4.8	22.56
3	123.9	22.7	6.1	3.2	19.52
4	109.2	15.3	-8.6	-4.2	36.12
5	115.9	21.8	-1.9	2.3	-4.37
6	128.3	23.2	10.5	3.7	38.85
7	115.3	19.1	-2.5	-0.4	1.00
8	111.4	12.8	-6.4	-6.7	42.88
9	121.7	19.7	3.9	0.2	0.78
10	118.6	16.2	0.8	-3.3	-2.64
平均數	117.8	19.5		共變異數	15.1
標準差	5.9	3.6			

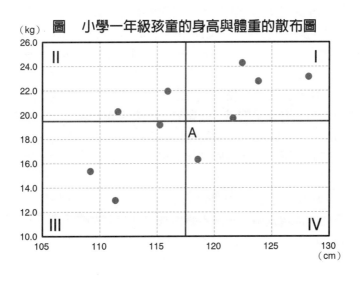

（kg） 圖 小學一年級孩童的身高與體重的散布圖

相關係數的機制

　　讓我們來計算小學一年級孩童數據中的相關係數吧。由於共變異數＝15.1、身高的標準差＝5.9 cm、體重的標準差＝3.6 kg，因此相關係數是 15.1/(5.9×3.6)＝0.72。相關係數的值必定會介於–1與1之間：

　　–1 ≦相關係數≦ 1……(1)

而且，**相關係數愈接近 ±1 的某端時相關就會愈強，而若是相關係數達到 ±1，意思便等同於所有數據都會位於直線上（完全相關）**。右圖所呈現的，便是散布圖與相關係數的對應關係。

　　–1 ≦相關係數 < 0 ⇔負相關（愈接近–1，相關愈強）

　　　　相關係數≒ 0 ⇔無相關

　　0 < 相關係數≦ 1 ⇔正相關（愈接近 1，相關愈強）

　　接下來的內容會牽涉到一點數學。相關係數的定義基礎是數學領域中相當知名的柯西 - 施瓦茨不等式（Cauchy–Schwarz inequality）。這個不等式是在說明當 $a_1, a_2, \cdots, a_n$ 與 $b_1, b_2, \cdots, b_n$ 的任意 2 個數列存在時，$(a_1b_1 + a_2b_2 + \cdots + a_nb_n)^2 \leq (a_1^2 + a_2^2 + \cdots + a_n^2) \times (b_1^2 + b_2^2 + \cdots + b_n^2)$ 的關係（乘積的加總的 2 次方較 2 次方和的積小）必定成立。而且若是等號成立，意思便等同於 2 個數列互有比例關係（也就是說，存在某一常數 c，能讓 $a_i = cb_i$ 此一等式中的任意 i 恆成立）。只要將身高的偏差代入數列 a_i、將體重的偏差代入數列 b_i，再將這 2 個數列代入柯西 - 施瓦茨不等式，就能得到下列的不等式。

　　[共變異數的 2 次方] ≦ [身高的變異數]×[體重的變異數]

只要將不等式的兩邊同除 [身高的變異數]×[體重的變異數]，便能得知 [共變異數的 2 次方] 在 1 以下，進而證明上述 (1) 式成立。

散布圖與相關係數的對應關係

相關係數 0.131

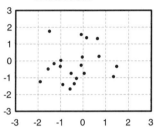

相關係數 0.708

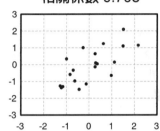

相關係數 -0.639

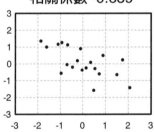

相關係數 0.904

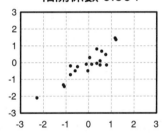

相關係數 -0.870

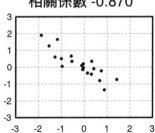

迴歸直線

　　右頁的圖 1 是可支配所得 x 與消費支出 y 的散布圖，它們的相關係數是 0.997。散布圖與相關係數都顯示出兩者具有很強的直線關係。因此，我們能將這些數據代換為下列直線：

　　消費支出 $= a + b \times$ 可支配所得

也就是說，我們能用直線整理與彙整數據。

　　這個時候，最理想的直線應是最能對應到數據的線吧。為了得到那樣的直線，首先我們必須決定出對應度的好壞基準。請參考圖 2，各個測定值與直線 y 上座標的直線距離 e_1、e_2、e_3 愈小，也應會具有愈好的對應度吧。因此，我們會將這些直線距離的二次方的和，也就是

$$e_1{}^2 + e_2{}^2 + \cdots + e_n{}^2 \text{，}$$

當成對應度最好的尺度。因此，能讓上述合計值最小的直線，就是「對應度最好的直線」。這種求直線的方法稱作**最小平方法**，而求得的直線稱作**迴歸直線**。此處我們將省略證明過程，但請各位記住，決定迴歸直線 $y = a + bx$ 的定義是：

$$b = \frac{x \text{ 與 } y \text{ 的共變異數}}{x \text{ 的變異數}} \text{，} a = [y \text{ 的平均數}] - b \times [x \text{ 的平均數}]$$

將上述定義套至消費支出的數據，我們就能得到 $b = 1054.5/1072.1 = 0.98$，$a = 218.9 - 0.98 \times 255.5 = -31.5$，進而求得迴歸直線為：

$$y = -31.5 + 0.98x \text{（圖 3）}$$

而直線的斜率 b 值，則是當 x 增加 1 個單位時造成的 y 的變化量。也就是說，當所得增加 1 兆日圓時，b 值造成的變化就會平均下來的消費支出增加 0.98 兆日圓。

表																		
時間點	1980	1981	1982	1983	1984	1985	1986	1987	1988	1989	1990	1991	1992	1993	1994	平均數	變異數	共變異數	相關係數
可支配所得（兆日圓）	209	213	218	223	229	237	245	251	262	271	280	292	296	301	306	255.5	1072.1	1054.5	0.997
消費支出（兆日圓）	171	175	183	188	193	199	207	216	228	238	248	254	257	262	265	218.9	1042.9		

引用自蓑谷千皇彦『計量経済学（第 3 版）』（東洋経済新報社出版）的表 2-1(p20)。千億日圓以下的位數則透過四捨五入進行處理。

6

相關與迴歸

圖 1

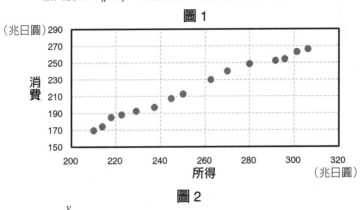

圖 2

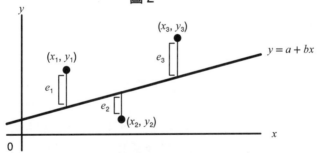

圖 3

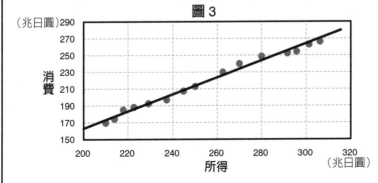

關聯係數

　　接下來讓我們來討論**質性變量**的調查方式。請參考右頁表 1 的簡單數值範例。假設我們想知道某個新政黨在大都市圈與郊區中受到的支持程度是否有所不同。也就是說，這裡我們關注的是「支持或不支持新政黨」這項變量與「居住地」這項變量之間的關聯。我們可以透過比較大都市圈與郊區的支持度進而進行評價。若是沒有關聯，則大都市圈的支持率應該會和郊區的支持度相等吧。若是有所關聯，兩者之間應會存有差異才對。在這個例子中，大都市圈的支持率是 55.6%；相對的，郊區的支持率則是 37.5%，兩者之間存有差異，看來這其中應是有所關聯。

　　讓我們利用表 3，以更廣義的方式來說明。「變量 A 與變量 B 之間沒有關聯」就等同於「$a/(a+b) = c/(c+d)$ 一式成立」（這是因為若是沒有關聯，無論是否滿足 A 的條件，都不會影響滿足 B 的條件的機率），而這也等價於 $ad-bc=0$。因此，$ad-bc$ 與 0 的距離能夠顯示關聯性的強弱。而列聯表中的**關聯係數**就是透過轉換上式得到的，其定義是 $Q = (ad-bc)/(ad+bc)$。透過這個定義，該值就能和相關係數的範圍一樣，使 $-1 \leqq Q \leqq 1$ 成立。比方說，當 $Q=1$ 時，則 $b=0$（大都市圈的全員都支持該政黨）或以 $c=0$（郊區中沒有任何 1 人支持該政黨）中至少會有其中某項成立，顯示 2 個變量之間具有非常強的關聯性。此外，本例顯示出中等程度的關聯性，關聯係數為 $Q = (100 \times 100 - 80 \times 60)/(100 \times 100 + 80 \times 60) = 0.35$。

表1				
		支持或不支持新政黨		
		支持	不支持	合計
居住地	大都市圈	100 人	80 人	180 人
	郊區	60 人	100 人	160 人
	合計	160 人	180 人	340 人

表2				
		支持或不支持新政黨		
		支持	不支持	合計
居住地	大都市圈	55.6%	44.4%	100.0%
	郊區	37.5%	62.5%	100.0%
	平均	47.1%	52.9%	100.0%

表3　普遍定義下的圖式				
		B		
		符合	不符合	合計
A	符合	a	b	a＋b
	不符合	c	d	c＋d
	合計	a＋c	b＋d	n

第 **3** 部

---

10 hour ⊘

Statistics

描繪出數據背後的整體結構

在第 2 部之中，我們已經討論過數據的判讀方式，也就是透過整理與彙整數據，進而效率性地抽取其中資訊的手法。但是，數據分析最終關心的對象並非手上已有的資料，而是產出資料的整個群體。實際上，像內閣支持率等調查，便是以數千人的調查對象的數據為基礎，試圖藉此得知產出數據的全體選民的內閣支持率。在統計學之中，產出數據的群體稱作「母群體」，相對的，手上已有的數據則是會被視為「從母群體之中選出的樣本」。第 3 部要解說的，便是「母群體與樣本的結構」。

分析數據的目的

在大多情況下，分析數據時最終關注的並不是數據本身，而是**產出那些數據的構造或整體結構究竟具有什麼特徵**。

比方說，我們想知道 A 市市長的支持率，隨機抽選 500 名具投票權的選民，調查他們支持還是不支持。在這個情況下，我們能得到下列 500 人份的回答數據：

〇,〇, ✕, …, ✕, 〇（〇＝支持，✕＝不支持）

我們所關注的並非是這 500 人的回答本身，而是**〇 與 ✕ 所占的比例**，也就是 A 市的全體選民之中有幾成的人支持市長。假設在 500 人之中有 300 人回答支持的話，我們便能藉此推測「A 市在全體選民之中，有 6 成的人支持市長」。這就是分析數據的目的。

又或者，我們想知道某間工廠產出不良品的頻度高低，隨機抽選 100 個成品，檢查是否達成規格標準。在這個情況下，我們能得到下列數據：

0, 0, 0, …, 0, 1, 0（0＝良品，1＝不良品）

在這裡，我們最終關注的，並不是抽選出來的 100 個成品，而是**這份 0 − 1 數據的出現比例**。也就是說，我們想知道若是這裡的生產流程持續運轉的話，平均下來會以多少 % 的頻率出現不良品。

由此可知，數據分析的關注對象是數據背後的構造與整體結構。

分析數據的目的是？

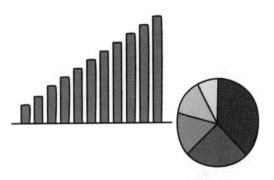

我們想得知的資訊不是數據本身⋯⋯

ex：支持率

ex：故障率

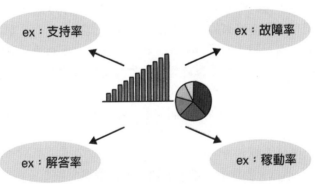

ex：解答率

ex：稼動率

產生觀察數據的構造

$$X_1, X_2, \ldots, X_n$$

▶ 02

母群體與樣本

　　上一節說明了數據分析的關注對象是「數據的構造與整體結構」。在統計學之中，產生數據的構造稱作**母群體**，而我們手中的數據則會被看作從母群體中抽選出來的**樣本**。也就是說，**所謂的數據，可被視為是從研究對象擷取出的一部分**。

　　在上一節市長支持率的例子中，

　　　　樣本=「A市的500名選民（的回答）」；
　　　　母群體=「A市的全體選民（的支持與不支持的分布）」

另外，在生產工程的例子中，樣本是「抽選出來的100個成品」，母群體則是「在流程中製造出來的全體製品（的良品與不良品的分布）」。

　　若母群體是由有限的個體所構成，我們將會稱它為**有限母群體**；若是有無限個個體則會被稱為無限母群體。像生產工程案例中的母群體就能被稱作**無限母群體**。

　　母群體一詞使用了「群體」這個詞彙。雖然有時它代表的就是字面上的「群組」，但也有例外的情況。比方說，上述的市長支持率的例子中，母群體代表的就是名副其實的群體，但在生產工程的例子中，「以一定比率產出『良 · 不良』數據的構造」的描述會比群體的概念更為貼切。

　　統計學的理論，就是透過這種「**母群體與樣本**」的結構構築而成的。因此，在學習統計學時，我們必須時時刻刻意識到這些結構。

母群體與樣本

母群體
（產生數據的構造）

樣本
（數據）

所謂的數據，就是從研究對
象擷取出的一部分

隨機抽樣

　　在統計學之中，數據是從母群體抽選出來的樣本。也就是說，它被視為母群體的一小部分。因此，樣本具有與母群體相關的資訊，一般認為，我們能透過調查樣本得到與母群體相關的知識。而利用樣本資訊來推測母群體的手法稱作推論統計。

　　在實施推論統計時，有一件重要的事必須注意。那就是樣本必須被以相同的機率公正地從母群體抽選出來。就算試圖從有所偏差的樣本中推測母群體，也無法得到正確的結論。

　　「樣本沒有偏差」的意思，便是在抽選樣本時，**母群體中的各個個體被選出的機率都應相同**。這種抽選方法稱作**隨機抽選**。所謂的隨機抽選，就是指在有 30 人的班級中抽選 7 人的情況，每個人被選中的機率都是 7/30 的抽選方法。這種方法與從寫有所有人名字的 30 枚卡片之中隨意抽出 7 張卡片的挑選方式一樣。透過隨機抽選選出的樣本稱作**隨機樣本**。隨機樣本是母群體的「代表值」，而我們期待它能發揮母群體「縮圖」的功效。

　　就第 7 章第 1 節的市長支持率的例子來說，被選為樣本的 500 人之中，有 300 人回答支持市長，我們則以此為根據推測 A 市的全體選民的支持率是 60%。而這項推論統計可信的前提，便是這個由 500 人組成的樣本必須是隨機樣本。也就是說，所有人被選中的機率都必須相同。若是只挑選某特定地區的人，或者性別或年齡有所偏頗，則做出的推論也會有所偏差。

隨機抽選的例子

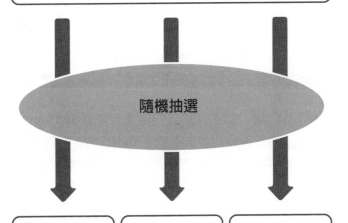

母群體

①②③④⑤⑥⑦⑧⑨・・・㉚

隨機抽選

⑤⑪⑭⑲
㉔㉖㉚

③⑧⑩⑬
⑮㉑㉒

①②③④
⑤⑥⑦

有時也會發生這種情形

在隨機抽選的情況，母群體中的各個個體被抽選出來的機率皆是相同的。

機率模型

　　分析數據的目的，是要根據隨機樣本來獲得有關母群體的知識，也就是要進行推論統計。這時統計學會用模型來呈現母群體。透過模型的運用，我們能捨棄本質以外的要素，讓分析具有普遍性。這就是模型化的好處。

　　讓我們用第 7 章第 1 節的市長支持率與生產工程中的不良品率為例，說明模型化帶來的好處。這些案例都具有下列這 2 項共通點：

(i) 結果有 2 種（支持／不支持，良品／不良品）
(ii) 我們關注的是這 2 種結果的產生機率（支持率／不良品率）有多少

這類案例都能夠用投擲硬幣的模型來呈現。也就是說，我們能將其視為**反覆投擲硬幣，並觀察出現正面的次數與比例**。請設想現在我們投擲的，是正面出現機率為 p 的（不公正）硬幣。結果有正面與反面 2 種。在這裡，我們將硬幣的正面詮釋為「支持」、反面詮釋為「不支持」。藉此，我們就能將投擲硬幣的說法用來比喻支持率調查的案例。實際上，出現正面的機率 p 會相當於市長的支持率，而詢問 500 人則相當於投擲 500 次硬幣。出現正面的次數等同於支持者的總數，而出現正面的機率則等同於在 500人之中的支持率。若是我們將「正面／反面」詮釋為「良品／不良品」，便也能將投擲硬幣的說法用來比喻生產工程的案例。投擲硬幣的模型，是運用機率的概念進行正確的數學敘述。而運用機率來進行描述的模型稱作**機率模型**。

機率模型是什麼？

| 政治家的
支持率 | 製品的
不良品率 | 嬰兒的
性別 |

↓ ↓ ↓

| 支持
or
不支持 | 良品
or
不良品 | 男孩
or
女孩 |

無論哪項的結果都是 2 種

支持率的調查與不良品率的調查都能用投擲硬幣的
模型（機率模型）來處理

投擲硬幣

在機率模型之中，投擲硬幣的模型是最簡明易懂且應用範圍廣泛的模型。就如同市長支持率的案例中呈現的結果，硬幣的正反面能被詮釋為「支持／不支持」等等，能夠用來呈現形形色色的母群體。我們將會在第10章的**二項分布**中說明詳細內容。

另外，只要用點心思，這種模型也能用來記述伴隨在罕見現象背後的數值（如交通事故負傷者數或特定疾患罹患者數等等）。比方說，我們假設人口為5萬人的某市一日下來平均會產生4名交通事故負傷者。該市的一日負傷者數也能用投擲硬幣的模型來呈現。也就是說，我們只要將各個人在一日因交通事故而負傷的機率想作4/50000，並將硬幣的正面詮釋為「因交通事故而負傷」，這麼一來，投擲正面出現機率為4/50000的硬幣5萬次（投擲1次代表1人）時，出現正面的次數就會是交通事故的負傷者數。而第10章將介紹的**卜瓦松分布**，就是用更洗鍊的形式進一步將這個模型理論化。

投擲硬幣的模型也能夠用來呈現某件事情發生所需的等待時間的母群體。比方說，我們假設某間急診醫院平均一日（24小時）會有3名急診病患送來。對醫院來說，瞭解急診病患抵達的時間間隔的分布型態為何，是至關緊要的事情。我們將1小時之中急診病患前來的機率想作3/24＝1/8，並將硬幣正面詮釋為「急診病患前來」，並設想以1小時1次的頻率反覆投擲正面出現機率為1/8的硬幣的模型，便能將「第一次出現正面時是第幾次的投擲」詮釋為「下一次急診患者送來會是幾小時後」。而這個模型的細緻版本便是**幾何分布**。

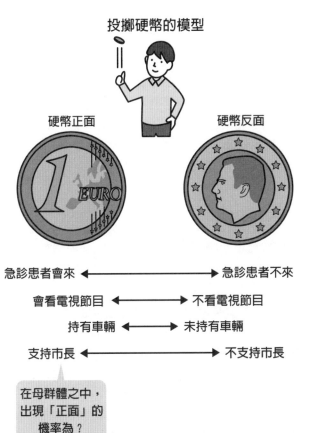

投擲硬幣的模型

硬幣正面

硬幣反面

急診患者會來 ←——————————→ 急診患者不來

會看電視節目 ←————→ 不看電視節目

持有車輛 ←———→ 未持有車輛

支持市長 ←——————————→ 不支持市長

在母群體之中，
出現「正面」的
機率為？

投擲硬幣的模型，是最單純且應用範圍廣
泛的機率模型。在各類問題之中，我們可
以用硬幣的正反面來詮釋「發生○○這件事
的機率」。

機率

投擲硬幣、測量溫度、丟擲骰子等實驗與觀察可以統稱爲**試驗**。所有可能在試行發生的結果所組成的集合稱作**樣本空間**，表記爲希臘字母 Ω（Omega）。如投擲硬幣這項試行的樣本空間 Ω = { 正面 , 反面 }，丟擲骰子這項試行的樣本空間 Ω = {1,2,3,4,5,6}。

樣本空間的部分集合稱作**事件**。在骰子的例子中，

$$A = \{1,2,3,4\}, \ B = \{1\}, \ C = \{2,4,6\}$$

以上所有情形都是樣本空間的部分集合，因此都能稱作事件。B 和 C 沒有共通要素，因爲這個理由，我們可以稱 B 和 C 爲**不交集**。不交集的事件不可能同時發生。

機率是將事件發生的難易程度以實際數值呈現的指標。接下來，我們將用 $P(A)$ 來表示各個事件 A 的機率。機率則定義爲滿足右頁 (i)～(iii) 這 3 項條件的情形。無論哪項都是在日常生活中也常會用到的性質。

比方說，在骰子案例（Ω = {1,2,3,4,5,6}）之中，若我們將每個骰面出現的機率定義爲 1/6，則這樣就能滿足上述 3 個條件。另外，在投擲硬幣的案例 (Ω = { 正面 , 反面 }) 之中，將正面的機率與反面的機率各定義爲 1/2 也一樣能滿足所有條件。在這 2 個例子中，**樣本空間 Ω 的所有要素都具有相同的機率**。在這個情況下，我們能透過下列公式來計算出各個事件 A 的機率 $P(A)$：

$$P(A) = \frac{\text{包含在 A 之中的要素個數}}{\Omega \text{ 的要素個數}}$$

在骰子案例中，我們能透過上述公式，求得事件 $A = \{1,2,3,4\}$ 的機率爲 $P(A) = 4/6 = 2/3$。

機率

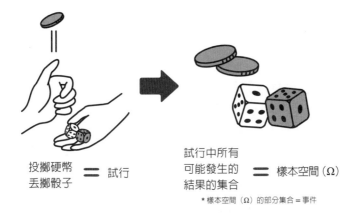

投擲硬幣
丟擲骰子 **=** 試行

試行中所有
可能發生的 **=** 樣本空間 (Ω)
結果的集合

* 樣本空間 (Ω) 的部分集合 = 事件

投擲硬幣時的樣本空間
Ω = { 正面 , 反面 }

* 投擲兩次時的 Ω ={(正面 , 正面), (正面 , 反面), (反面 , 正面), (反面 , 反面)}

丟擲骰子時的樣本空間
Ω = {1,2,3,4,5,6}

* 骰子的事件例有 {1,2,3},{2,4},{2,4,6} 等等

機率的條件

(i) $0 \leq P(A) \leq 1$ （所有事件的機率都在 0 以上，
   在 1 以下）
(ii) $P(\Omega) = 1$ （樣本空間的機率是 1）
(iii)若事件 A 和事件 B 為不交集，則 P (A 或
    B) = P(A) + P(B)

條件機率

當存在著 2 個事件 A 與 B 時，有時我們會得知「事件 B 已發生」這樣的資訊。在事件 B 已發生的條件下，事件 A 的機率稱作**確認事件 B 成立時事件 A 的條件機率**，以 $P(A|B)$ 的記號記述，定義如下：

$$P(A|B) = \frac{P(A \cap B)}{P(B)}$$

請參考右頁的數值例來確認定義。

上式的意義如下（請參照右頁圖）：若是事件 B 已發生，則樣本空間便不是 Ω，而應想為是 B。在這個情況下，事件 A 發生的意義就相當於事件「A 且 B」都發生。因此，這裡所求的機率是在事件 B 的範圍中事件「A 且 B」所占的範圍。

只要消除定義式的分母，就得能到下式：

$$P(A \cap B) = P(A|B)P(B)$$

本式稱作**乘法公式**。舉例來說，我們假設某間大學的男性學生有 40% 是獨自居住。只要用 $A = \{$ 獨自居住 $\}$，$B = \{$ 男性學生 $\}$ 的定義，就能以下列方式呈現這個狀況：

$$P(A|B) = 在男性學生之中獨自居住的學生比例 = 0.4$$

若這間大學的男女比是 3：2，則機率 $P(B) =$ 就會等於男性學生的比例 0.6，透過乘法公式計算，就得能知：

$$P(A \cap B) = 獨自居住的男性學生比例$$
$$= P(A|B)\ P(B) = 0.4 \times 0.6 = 0.24$$

由此可見，獨自居住的男性學生占所有學生的 24%。

條件機率

數值例

觀察匯率與 X 社的股價。樣本空間如下：

Ω = {(日圓下跌 , 股價下跌)}, {(日圓下跌 , 股價上升), (日圓上升 , 股價下跌)}, {(日圓上升 , 股價上升)}

我們假設機率如下：

	股價下跌	股價上升	合計
日圓下跌	0.2	0.4	0.6
日圓上升	0.3	0.1	0.4
合計	0.5	0.5	1.0

設 B = { 日圓下跌 }、A = { 股價上升 }，試求 P(A|B)

解答： $\dfrac{0.4}{0.6} = \dfrac{2}{3}$

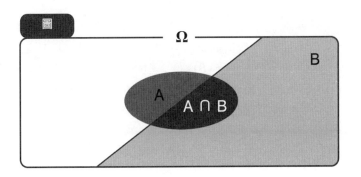

全機率公式與貝氏定理（1）

　　本節與下一節會介紹應用乘法公式的全機率公式與貝氏定理。請用下面例子進行思考。我們假設，爲了取得某個國家證照而進入職校的學生年齡分布如下：20 多歲有 50%、30 多歲有 30%、40 歲以上有 20%。而根據過去數據，我們已知修畢職校課程並取得證照的學生有 20 多歲學生中的 8 成、30 多歲學生中的 4 成、40 歲以上學生的 3 成。那麼，這間職校究竟有多少 % 的入學生取得證照呢？

　　如同右頁的圖，這個問題的樣本空間會依照年齡被分割爲 3 個。在這裡，讓我們將 {20 多歲 }, {30 多歲 }, {40 歲以上 } 分別設爲事件 A, B, C，得到 $P(A) = 0.5$、$P(B) = 0.3$、$P(C) = 0.2$。我們再設 $E = \{$ 取得國家證照 $\}$，而我們想知道的機率便是 $P(E)$。而 20 多歲學生的 8 成取得國家證照，便意味著 $P(E|A) = 0.8$ 一式成立。而 $P(E|B) = 0.5$ 與 $P(E|C) = 0.3$ 同樣也成立。

　　接著，由於取得國家證照的人必定屬於 20 多歲、30 多歲、40 歲以上之中的某種年齡範圍之中，只要分別進行計算，下式便會成立：

　　$P(E) = P$（20 歲且取得證照）$+ P$（30 歲且取得證照）$+ P$（40 歲且取得證照）$= P(A$ 且 $E) + P(B$ 且 $E) + P(C$ 且 $E)$

　　在這裡，只要我們用乘法公式（第 8 章第 2 節）處理 $P(A$ 且 $E)$，就可以得到 $P(A$ 且 $E) = P(E|A) \, P(A) = 0.8 \times 0.5 = 0.4$。同樣地，我們也可以求得 $P(B$ 且 $E) = P(E|B) \, P(B) = 0.5 \times 0.3 = 0.15$、$P(C$ 且 $E) = P(E|C) \, P(C) = 0.3 \times 0.2 = 0.06$，藉此得知 $P(E) = 0.4 + 0.15 + 0.06 = 0.61$，得到在所有入學生之中有 61% 取得證照的結論。

全機率公式是 P(E) = P(E|A)P
(A) + P(E|B)P(B) + P(E|C)P(C)

圖

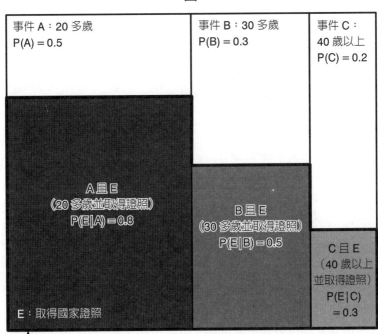

事件 A：20 多歲
P(A) = 0.5

事件 B：30 多歲
P(B) = 0.3

事件 C：
40 歲以上
P(C) = 0.2

A 且 E
(20 多歲並取得證照)
P(E|A) = 0.8

B 且 E
(30 多歲並取得證照)
P(E|B) = 0.5

C 且 E
（40 歲以上
並取得證照）
P(E|C)
= 0.3

E：取得國家證照

↑
樣本空間

▶ 04

全機率公式與貝氏定理（2）

在上一節的職校案例中，所有入學生之中有 61% 取得國家證照。這項考察能用公式進行統整：

$$P(E) = P(E|A)P(A) + P(E|B)P(B) + P(E|C)P(C)$$

我們稱此為**全機率公式**。那麼，如果該學校取得證照的人打算齊聚一堂舉行慶祝會的話，出席者的年齡分布，也就是 20 多歲、30 多歲、40 歲以上各占的比例又會是如何呢？

我們能用 $P(E|A)$ 來表示證照取得者所占的 20 多歲學生的比例。同樣地，30 多歲、40 歲以上的比例也會是 $P(E|B)$、$P(E|C)$，只要知道它們的條件機率就能得到答案。

首先讓我們來計算 $P(E|A)$。根據條件機率的定義，

$$P(A|E) = P(A \cap E) / P(E)$$

這邊要注意的是，分子或分母全部都是前一節求出的。在這邊代入後變成

$$P(A|E) = \frac{P(A \cap E)}{P(E)} = \frac{0.4}{0.61} = 0.656$$

同樣地，我們也能求出 $P(B|E) = 0.15/0.61 = 0.246$ 與 $P(C|E) = 0.06/0.61 = 0.098$。最後我們得到的是：

　　20 多歲 65.6%、30 多歲 24.6%、40 歲以上 9.8%

進而得知在場年輕人的比例比入學時的年輕人比例要來得多。

若要用公式來呈現上式，可以寫成：

$$P(A|E) = \frac{P(E|A)P(A)}{P(E|A)P(A) + P(E|B)P(B) + P(E|C)P(C)}$$

而該式稱作**貝氏定理**。

請各位再看看下方例子。

我們假設某種疾病的罹患率是 1%。也就是說，

當我們假設 A = { 罹患疾病 }、A' = { 未罹患疾病 } 時，

$$P(A)=0.01, P(A')=0.99$$

而某種檢查法會將罹患者的 90% 判定為陽性，

但在沒有罹患的人之中，也會有 3% 的人被判定為陽性。

也就是說，

當我們假設 B = { 呈現陽性反應 } 時，就會得到下列結果：

$$P(B|A)=0.9$$
$$P(B|A')=0.03$$

那麼，呈現陽性反應的人之中究竟有多少 % 是罹患者呢？

$$P(A|B)=\frac{P(A\cap B)}{P(B)}=\frac{P(B|A)P(A)}{P(B|A)P(A)+P(B|A')P(A')}$$

我們只要透過計算上式，便能得知答案：

$$=\frac{0.9\times0.01}{0.9\times0.01+0.03\times0.99}=0.23$$

我們可以藉此得知，在呈現陽性反應的人之中，實際是罹患者的人占了 23%。

8

機率

事件的獨立性

　　當存在著複數事件時，有時它們的發生方式並不會互為關係。比方說丟擲 2 次骰子時，第 1 次出現的骰面與第 2 次出現的骰面之間並沒有關係。因此，事件 A = { 第 1 次出現 5} 與事件 B = { 第 2 次出現 5} 的這種發生方式之間沒有關係。

　　若 2 個事件 A 與 B 互為**獨立**，就代表

$$P(A \cap B) = P(A)P(B)$$

上述定義成立。讓我們來思考這個定義式代表的意思。我們先假設上式成立，並將左右兩邊同除 $P(B)$，則

$$\frac{P(A \cap B)}{P(B)} = P(A)$$

就會成立。左邊是等同於有條件的機率 $P(A|B)$，事件 A 和 B 獨立的話，

$$P(A|B) = P(A)$$

便會成立。這個式子有什麼意義呢？我們假設在某場聚餐後有許多的人食物中毒，原因疑似出自某道料理。讓我們將事件 A 與 B 分別定義為 A = { 出現食物中毒症狀 } 與 B = { 食用那道料理 }，便能寫成：

$P(A|B)$ = 食用那道料理並出現食物中毒症狀的人的比例
$P(A)$ 所有出席者之中出現食物中毒症狀的人的比例

若是兩者相等，那麼那道料理很顯然就不會是食物中毒的原因。也就是說，我們可以得知食物中毒與料理互為獨立，而這也是獨立性的其中一種應用方式。

事件獨立性的案例

ATM1 　　ATM2 　　ATM3

需等待 2 分鐘以上的可能性為 30%　　需等待 2 分鐘以上的可能性為 30%　　需等待 2 分鐘以上的可能性為 30%

或許其中會有 1 處馬上就能使用…

A_1 = { 在 ATM1 等待 2 分鐘以上 }
A_2 = { 在 ATM2 等待 2 分鐘以上 }
A_3 = { 在 ATM3 等待 2 分鐘以上 }

假定它們互為獨立

則這個人等待 2 分鐘以上的可能性如下：

$$P(\{ 這個人等待 2 分鐘以上 \}) = P(A_1 \cap A_2 \cap A_3)$$
$$= P(A_1)\ P(A_2)\ P(A_3) \quad （獨立性）$$
$$= 0.3 \times 0.3 \times 0.3$$
$$= 0.027$$

3 個以上的事件獨立性的定義：
A、B、C、D 互為獨立，是指無論用任何方式選擇任意個數的上述事件，上述事件同時發生的機率都會是各個機率的積。

▶ 01

機率分布與機率變數

　我們將在本章說明**機率分布**的概念。**機率分布是用數學形式呈現母群體的手法**。讓我們用丟擲骰子的事件來思考。當我們把擲出骰面設為 X 時，X 便是屬於 {1,2,3,4,5,6} 中某一數值的**變數**。而各個數值被選中的機率都是 1/6：

$$P(X=1)=1/6, \ P(X=2)=1/6, \cdots, P(X=6)=1/6$$

在這種掌握所有可能得到數值的情形下，所有被賦予機率的變數都稱作**機率變數**。上述骰子案例等只能取得不連續的數值的機率變數稱作**離散型機率變數**；能取得連續數值的機率變數則稱作**連續型機率變數**。

　從上述定義我們可以得知，決定**離散型機率變數**的 2 項要素，是「能取得的數值」與「機率」。因此，我們可以用下表來進行描述。如骰子的擲出骰面可以記述為：

x	1	2	3	4	5	6
$P(X=x)$	1/6	1/6	1/6	1/6	1/6	1/6

本表對應了每一種 X 可能取得的數值的機率，稱作 **X 的機率分布（X 所從屬的機率分布）**。請留意，機率的合計將會是 1。

　機率分布（以下將簡稱為**分布**）的一般記述方式如下。假設 X 能取得的值有 $a_1, a_2, \cdots, a_N$，則 X 的分布為：

x	a_1	a_2	$\cdots$	a_N
$P(X=x)$	p_1	p_2	$\cdots$	p_N

什麼是機率變數？

離散型機率變數
（第11章之前都只會介紹到這邊）

→ 例：骰子

指的是像骰子一樣，能取得 1,2,3,4,…
這種不連續的數值的變數。能取得的
數值為有限個（就算有無限個，也會
是屬於可數無限）。

連續型機率變數
（將在第11章介紹）

→ 例：氣溫、身高與體重

指的是像氣溫、身高與體重等小數點
以下的值能進一步細分的變數。能取
得的數值為「某個區間內的所有實
數」。

機率變數的性質（能以多大的機率取得某項數值）
是決定於機率分布。因此，只要觀察機率分布，就
能得知機率變數的性質。

▶ 02

數據指的是什麼？

　　上一節我們定義了用數學形式呈現母群體的手法，也就是機率分布（分布）。在這一節，我們將用機率的概念記述數據與樣本。

　　比方說，我們將骰子出現的骰面設爲 X，則在丟擲骰子前的 X 便會是機率變數，其分布會如右圖所示。透過丟擲骰子，機率變數 X 的值將會定爲 1 個數值（如 3）。這個數值稱作 **X 的實現值**。在統計學之中，**數據的定義就是機率變數的實現值**。比方說，假設我們得到國中 1 年級男生的體重測定值 52.1 kg、48.3 kg、50.8 kg 這些數據，則我們便能將它們想作某個分布之中的 3 個機率變數 X、Y、Z 的實現值（也就是說，X 實現爲 52.1、Y 實現爲 48.3、Z 則是實現爲 50.8）。

　　接下來，我們假設丟擲 600 次骰子，產生了 x_1, x_2, $\cdots$, x_{600} 的數據。這便是右頁表中分布的 600 個機率變數 X_1, X_2, $\cdots$, X_{600} 的實現值。那麼在這600 個實現值之中，1, 2$\cdots$, 6 的骰面大約分別會有幾次呢？我想大多數的人，應該會認爲大約是各有 100 次吧。而我們的根據就是表中的分布，這個分布中所有數值出現的機率都相同。因此我們可以合理認爲，只要利用600 筆數據繪製直方圖，便能得到近似於右圖的結果。

　　由此可見，**機率分布是在記述數據產生的手法**。因爲這個理由，我們可以將機率分布視爲用數學語言來描述母群體（數據產生的機率）的工具。從相反的角度來看，數據會反映出母群體的性質。因此，我們也能透過數據來獲得母群體的知識。

表						
x	1	2	3	4	5	6
P(X = x)	1/6	1/6	1/6	1/6	1/6	1/6

圖　骰子的分布

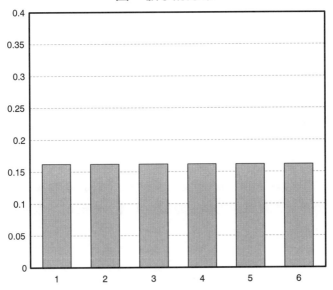

機率分布的平均數

本節將解釋**機率分布的平均數**。請留意，機率分布的平均數與第 4 章所學過的數據平均數 M 的概念並不相同。事實上，接下來我們會說明，雖然骰子的出現骰面點數的機率分布（請參考前一節表格）的平均數是 3.5，但出現骰面點數的數據平均數 M 必須透過實際丟擲骰子取得數據的方式來決定。

我們假設機率變數 X 是具有下列機率分布的離散型機率變數：

x	0	1	2	3	4
$P(X=x)$	1/16	4/16	6/16	4/16	1/16

X 的數值出現方式將由這項分布來決定，因此這項分布所具有的特性形式至關重要。我們能透過表與圖得知，可能得到的數值爲 0, 1, 2, 3, 4，而得到 2 的機率最高，分布則是以 2 爲中心呈左右對稱。但是，我們不只必須觀察分布的形狀，也有必要透過數據來整理與彙整機率分布。因此，我們也會將平均數與變異數的概念應用至機率分布，進而找出機率分布的中心與分散程度的指標。

機率分布的平均數是機率分布的中心指標，並**被定義爲機率變數 X 可能得到的數值，以及其機率的積的總和**。上述分布的平均數計算方式如下：

$$平均數\ \mu = 0 \times \frac{1}{16} + 1 \times \frac{4}{16} + 2 \times \frac{6}{16} + 3 \times \frac{4}{16} + 4 \times \frac{1}{16} = 2$$

接下來，我們會用 μ（mu）來記述機率分布的平均數。這是用來對應 m（mean）的希臘字母。我們也可以透過直覺來理解這項分布的中心爲 $\mu = 2$。

圖　X 的機率分布

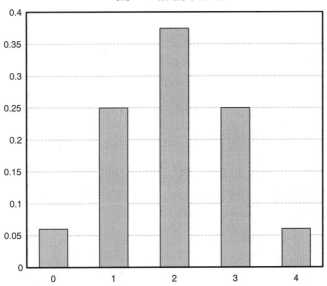

練習：試求下列分布的平均數

(1)			
x	−1	0	1	2
P(X=x)	0.3	0.2	0.4	0.1

(2)					
x	1	2	3	4	5	6
P(X=x)	1/6	1/6	1/6	1/6	1/6	1/6

答：(1)0.3、(2)3.5

機率分布的變異數

　　本節將用**變異數**與**標準差**的概念來定義機率分布中的分散程度指標。我們已經學過數據的變異數 S^2（第 5 章第 2 節）與標準差 s（第 5 章第 3 節）。數據的變異數是將各個測定值與平均數 M 開平方，再算出這些數值的平均數所得到的數值；標準差則是變異數的平方根。而機率分布的變異數與標準差也和它們有著相同的概念。

　　我們假設 X 可能得到的數值有 $a_1, a_2, \cdots, a_N$，而 X 的機率分布如同右頁表 1。我們將用 μ 來表示這項機率分布的平均數。變異數的定義是**將可能得到的值與平均數 μ 相減後開平方，並計算這些機率的加權平均數所得到的數值**。也就是說，

$$變異數\ \sigma^2 = (a_1-\mu)^2 \times p_1 + (a_2-\mu)^2 \times p_2 + \cdots + (a_N-\mu)^2 \times p_N$$

便是變異數。我們會用 σ^2（sigma 的 2 次方）的記號來呈現變異數。另外，標準差的定義則是變異數的平方根 $\sigma=\sqrt{\sigma^2}$（σ 是對應 s 的希臘字母）。標準差 σ 與機率變數 X 有著相同的單位。

　　表 2 的機率分布的變異數計算方式如同右頁 $\sigma^2=1$，變異數是 $\sigma=1$，標準差則是。

　　如同第 4 章所述，標準差有著呈現 X 的變動的測量刻度功用。如 $\mu-\sigma \leqq X \leqq \mu+\sigma$ 的範圍稱作 **1σ 個範圍**，$\mu-2\sigma \leqq X \leqq \mu+2\sigma$ 的範圍則稱作 **2σ 個範圍**。另外，無論是哪種形式的機率分布，X 位於 $k\sigma$ 個範圍 $\mu-k\sigma \leqq X \leqq \mu+k\sigma$ 之中的機率必定在 $1-1/k^2$ 以上（**切比雪夫不等式**）。比方說，若 $k=2$，則無論哪種形式的機率分布，其位於 2σ 個範圍之中的機率必定在 3/4 以上。

表 1				
x	α_1	α_2	...	α_N
P(X=x)	p_1	p_2	...	p_N

表 2					
x	0	1	2	3	4
P(X=x)	1/16	4/16	6/16	4/16	1/16

平均數 $\mu = 2$

表 2 的變異數

$$\sigma^2 = (0-2)^2 \times \frac{1}{16} + (1-2)^2 \times \frac{4}{16} + (2-2)^2 \times \frac{6}{16} +$$

$$(3-2)^2 \times \frac{4}{16} + (4-2)^2 \times \frac{1}{16} = 1$$

參考：變異數 (S^2) 的求法

$$S^2 = \frac{1}{n} \{ (x_1 - M)^2 + (x_1 - M)^2 + ... + (x_n - M)^2 \}$$

期望值

上一節我們定義了機率分布的平均數 μ 與變異數 σ^2。我們能用**期望值**的概念，進一步讓它們的量變得更加清晰易懂。舉例來說，我們假設 X 與上一節一樣都具有右頁表 1 的機率分布。我們已求出 X 的機率分布的平均數是 $\mu=2$。這也能稱作**機率變數 X 的期望值**，寫作 $E(X)$。也就是

$$E(X) = \mu = 2，$$

「X 的期望值 $E(X)$」與「X 的機率分布的平均數 μ」指的都是相同的意思。雖然兩者偶爾會有分開使用的情況，但本書不會討論它們的差別。

接下來要介紹的是便利的期望值公式。讓我們設機率變數為 X，並假設我們可以獲得 X 的實現值乘 5000 日圓的金額（也就是 $5000X$ 日圓）。

此時相較於 X，我們應該會更關注 $5000X$ 的分布，尤其最重要的是它的平均數。若用期待值的記號記述，便能寫作 $E(5000X)$。

就像這樣，我們關注的往往不是 X 本身，而是透過 X 變換而成的量 $f(X)$ 的期望值 $E[f(X)]$。而這個數值能透過下列公式求出。在這裡，就讓我們用通用形式記述右頁表 2 呈現的 X 的分布：

$$E\{f(X)\} = f(a_1) \times p_1 + f(a_2) \times p_2 + \cdots + f(a_N) \times p_N$$

請利用右頁例中的習題進行實地演練。

只要使用這個公式，就能夠運用期待值來記述 X 的機率分布的變異數 σ^2，寫作

$$\sigma^2 = E\{(X-\mu)^2\}$$

有時我們也會將變異數寫成 $V(X)$。

表 1				
X	0	1	2	3	4
P(X=x)	1/16	4/16	6/16	4/16	1/16

平均數 $\mu = 2$

表 2			
X	a_1	a_2	...	a_N
P(X=x)	p_1	p_2	...	p_N

習題：試求下列兩例中的 $E(X^2)$ 與 $V(X)$

(1)			
X	-1	0	1	2
P(X=x)	0.3	0.2	0.4	0.1

(2)					
X	1	2	3	4	5	6
P(X=x)	1/6	1/6	1/6	1/6	1/6	1/6

答案：(1) $E(X^2) = 1.1$、$V(X) = 1.01$

(2) $E(X^2) = \dfrac{91}{6}$、$V(X) = \dfrac{35}{12}$

▶ 01

投擲硬幣與白努利實驗

　　本書將介紹**二項分布、卜瓦松分布、幾何分布**這三種離散型機率分布的重要例子。如同第 7 章第 5 節所述，這些都是**投擲硬幣**的分布。本節將用機率的說法來整理投擲硬幣的知識。

　　投擲硬幣是指**投擲任意次的硬幣**。此時，我們假設該試行滿足以下 2 個條件：(i) **設出現正面的機率為 p**（出現反面的機率為 $1-p$）；(ii) **每次出現正反面的情況都是互相獨立**。

　　只要 (i)(ii) 的假設成立，我們就能求出投擲硬幣複數次結果的機率。假設投擲硬幣 2 次，則 { 第 1 次出現正面, 第 2 次出現反面 }（接下來將省略寫為）這個事件發生的機率會是 $p(1-p)$。這是因為，只要代入 $A = \{$ 第 1 次為正 $\}$、$B = \{$ 第 2 次為反 $\}$，我們所求得的機率就會是 $P(A \cap B)$，而 (i) 的條件會使得 $P(A) = p$ 與 $P(B) = 1-p$ 成立，(ii) 的條件則會使 A 與 B 互相獨立，進而得出 $P(A \cap B) = P(A) \times P(B) = (1-p)$。我們以相同方式計算，就能得到：

事件	{ 正正 }	{ 正反 }	{ 反正 }	{ 反反 }
機率	p^2	$p(1-p)$	$p(1-p)$	$(1-p)^2$

而投擲硬幣超過 2 次的試行的計算方式也是一樣。例如投擲的 5 次中最初的 3 次為正，接下來的 2 次為反的機率為 $p^3(1-p)^2$。以此類推，投擲的 n 次中有 k 次為正，$n-k$ 次為反的機率是 $p^k(1-p)^{n-k}$。投擲硬幣的試行也能稱作**白努利實驗**。在這個情況下，正、反稱作「**成功、失敗**」。接下來，本書將繼續使用投擲硬幣這項用語。

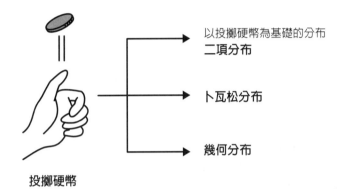

以投擲硬幣為基礎的分布
二項分布

卜瓦松分布

幾何分布

投擲硬幣

投擲硬幣是指…

投擲任意次的硬幣時，
(i) 出現正面的機率為，出現反面的機率為 (1−p)
(ii) 每次出現正反面的情況都是互相獨立的試行

投擲硬幣又稱作白努利實驗

二項分布（1）

二項分布指的是將出現正面的機率爲 p 的硬幣投擲 n 次的試行中，**出現正面次數 X 的分布。決定這個分布的 2 項要素是出現正面的機率 p 與投擲次數 n**，因此可以用記號 $B(n, p)$ 來記述。B 的意思是「2 項」的 binomial 縮寫。

比方說，我們假設要觀察打擊率爲 3 成的打者在 10 個打席之中，能夠擊出多少支安打。只要將投擲硬幣中的「正面」置換爲「安打」，則安打的次數 X 就相當於「**使用出現正面的機率爲 $p = 0.3$ 的硬幣，進行投擲 $n = 10$ 次的試行時，出現正面的次數**」。因此這項分布寫作二項分布 $B(10, 0.3)$

用更通用的說法來說，我們假設機率變數 X 從屬於二項分布 $B(n, p)$。這時，X 能得到的數值將會是 $0, 1, \cdots, n$ 之中的某項。而 $X = k$ 的機率 $P(X = k)$ 則是能用下式表示。

$$P(X = k) = {}_nC_k p^k (1-p)^{n-k} (k = 0, 1, \cdots, n)$$

我們會在下一節說明 ${}_nC_k = \dfrac{n!}{k!(n-k)!}$ 一式的意思，首先請注意打擊率爲 3 成的打者案例的 $B(10, 0.3)$ 圖表（右頁）的形狀。安打的次數 X 可能得到的數值是從 0 次至 10 次之中的某項，而 $X = 3$ 的機率最高。這點也與直觀感覺相同（若是讓打擊率爲 3 成的打者踏上打擊區 10 次，多數人應該也會認爲安打的次數大約是 3 次吧）。事實上，二項分布 $B(n, p)$ 的**平均數 μ** 會是：

$$\mu = np$$

我們可以透過平均數的定義求得上式（本書將省略詳細內容）。只要使用本式，就能得知 3 成打者安打數的平均數爲 $\mu = 10 \times 0.3 = 3$。

B(10, 0.3) 的圖表

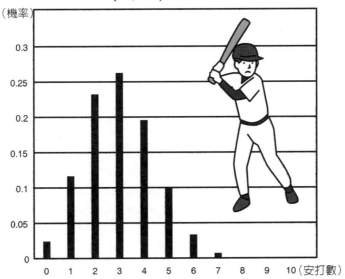

二項分布是指…

當投擲出現正面的機率為 p 的硬幣 n 次時，
出現正面次數 X 的分布。可用 $B(n, p)$ 來記述。
→打擊率為 3 成的打者踏上打擊區 10 次時，安打次數
的分布為 $B(10, 0.3)$

二項分布（2）

$B(n, p)$ 的變異數 σ^2（第 9 章第 2 節）與標準差 σ（第 9 章第 3 節）分別會以下列形式呈現：

$$\sigma = np(1-p), \sigma = \sqrt{np(1-p)}$$

舉例來說，這次讓我們用 $B(100, 0.5)$ 來思考。這是投擲公正硬幣 100 次時出現正面次數的分布。平均數是 $\mu = 100 \times 0.5 = 50$ 次。這結果和我們的直觀想法一致。那麼，它的散布程度又會有多大呢？正面出現 40 次以下或 70 次以上的情形算罕見嗎？讓我們透過計算變異數來調查清楚吧。透過上式，我們可以得知變異數為 $\sigma^2 = 100 \times 0.5 \times 0.5 = 25$，而標準差為 $\sigma = \sqrt{25} = 5$，因此 2σ 個範圍是在下列範圍之內：

$$\mu - 2\sigma = 50 - 2 \times 5 = 40 \text{ 以上}；\mu + 2\sigma = 50 + 2 \times 5 = 60 \text{ 以下}$$

在 $n = 100$ 時，在 2σ 個範圍之內的機率大約是 95%（參照右頁表），因此超出這個範圍的情形應是可以想成罕見的情況吧。

最後請讓我來說明機率分布的公式。本式的重點在於式中的組合總數 C_k^n。它的意思是「從 n 項相異個體中選出 k 項個體時的所有選擇方法個數」（參照右頁）。請利用右頁的說明，確認在 $B(n, p)$ 的條件下，$X = k$ 的機率為 $P(X = k) = C_k^n \, p^k (1-p)^{n-k}$ 的這項事實。首先，如同第 10 章第 1 節所述，投擲 n 次硬幣時恰好出現 k 次正面的任何排列組合的機率都是 $p^k (1-p)^{n-k}$。而排列組合的模式數量則是有 C_k^n 種。因此，只要用 C_k^n 乘以 $p^k (1-p)^{n-k}$，就能得到該範圍的機率。

表 投擲硬幣 100 次時的數據					
n	100	100	100	100	100
p	0.2	0.4	0.5	0.7	0.9
平均數 np	20	40	50	70	90
變異數 np(1−p)	16	24	25	21	9
標準差	4	4.90	5	4.58	3
2 sigma 區間的下限	12	30.20	40	60.83	84
2 sigma 區間的上限	28	49.80	60	79.17	96
機率	0.967	0.968	0.965	0.963	0.972

圖 組合總數 C_k^n

所謂的組合總數，指的是下列數值：

$$C_k^n = \frac{n!}{k!(n-k!)}$$

（n! 是 n 的階乘。比方說 5! ＝ 5×4×3×2×1 ＝ 120）它的
意思是從 n 項相異個體中選出 k 項個體時的所有選擇方法（組
合）個數。比方說從 5 人小組中選出 2 人作為代表時，選擇
方法便會有 C_2^5 ＝ 10 種。

▶ 04

卜瓦松分布

　　我們假設有項生產工程的不良品率為 0.01%（＝1/10000），一日生產約 2 萬個製品。當這項生產流程運轉一日時的不良品數 X，能夠被視為投擲出現正面機率為 $p = 1/10000$ 的硬幣 2 萬次，因此可以寫為二項分布 B（20000, 0.0001）。這項分布的平均數是 $\mu = 20000 \times 1/10000 = 2$（個），也就是說，我們可以推估出一日下來大約會產出 2 個不良品。

　　這種罕見的現象也能用二項分布 $B(n, p)$ 來記述，然而，由於 n 與 p 的數值過於極端，因此在實際計算上相當麻煩（只要嘗試用公式寫寫看就會知道了）。在這個情況，**卜瓦松分布**這項機率分布就能派上用場了。卜瓦松分布就是卜述機率分布：

$$P(X=k)=e^{-\alpha}\frac{\alpha^k}{k!} \quad (k=0, 1, 2, \cdots), e=2.71828\cdots$$

由於這項機率分布是取決於 α 的數字，因此會以 $Po(\alpha)$ 這個符號標示。右頁附有 $\alpha = 2, 5, 10$ 的圖表。無論是哪種情形，波峰都座落於 α 的位置，因此在 α 附近的數值都較容易出現。實際上，**α 指的就是卜瓦松分布的 $Po(\alpha)$ 平均數**，也就是說，這裡 $\mu = \alpha$ 的將會成立。另外，**變異數（第 5 章第 2 節）與標準差（第 5 章第 3 節）分別是 α 與 $\sqrt{\alpha}$**。

　　雖然在使用卜瓦松分布 $Po(\alpha)$ 時必須先決定平均數 α 的數值，不過如同上述，一般來說我們會先選擇二項分布 $B(n, p)$，整理出平均數（也就是用 $\alpha = np$ 的方式進行變換）並選擇使用 $Po(np)$ 便是較自然的做法。在不良品率的案例中，我們會挑選的就是 $\alpha = np = 20000 \times 1/10000 = 2$。

卜瓦松分布能被視為二項分布的極限。也就是說，令 np=a 條條件下的為一常數，當 n→∞時，二項分布的原式便能改寫為下式：

$$C_k^n p^k (1-p)^{n-k} \longrightarrow e^{-\alpha} \frac{\alpha^k}{k!}$$

卜瓦松分布 Po(α)

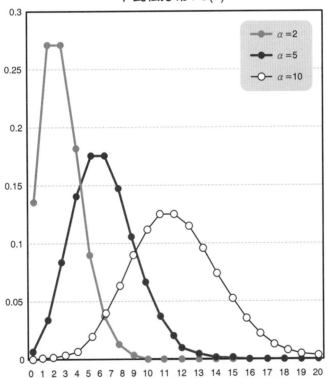

波峰尖端會在 α 的附近。我們可以從本圖表得知卜瓦松分布的平均數是 α

幾何分布

在自然災害等難以預測的事件中，我們關注的對象並非只有發生次數，更會關注發生間隔，尤其受到矚目的是「下次會在什麼時候發生」。我們假設有種難以預測的災害，平均下來會以大約在 m 年 1 次的機率發生。假設該災害下一次發生的時間點是自現在算起的第 X 年，則 X 就會是可能得到 1, 2…數值的離散型機率變數，我們也可以用投擲硬幣的試行記述其機率分布。也就是說，我們設

正面＝發生災害，出現正面的機率 $p = 1/m$，

並做出【X＝第一次出現正面的次數】的解讀就好了。比方說，若是 $X = 3$，我們就能解釋為到了第 3 年會發生災害。在這個情況下，X 的機率分布便會如下：

$$P(X = k) = p(1-p)^{k-1} \quad (k = 1, 2, \cdots)$$

這個分布稱作**幾何分布**，圖表如右頁所示（首項為 p、公比為 $1-p$ 的幾何（等比）數列）。只要決定出現正面的機率 p，幾何分布的就會固定為唯一型態，因此也能用 $Ge(P)$ 的記號記述。比方說，若是我們將機率變數 X 定義為連續投擲骰子時首次出現 1 的骰面的次數，則 X 的機率分布便是 $p = 1/6$ 的幾何分布 $Ge(1/6)$。

當 X 的機率分布是 $Ge(p)$ 時，在 k 次以內出現正面的機率公式便會成立：

$$P(X \leq k) = 1 - (1-p)^k$$

此外，幾何分布 $Ge(p)$ 的平均數是 $1/p$，變異數則是 $(1-p)/p^2$。

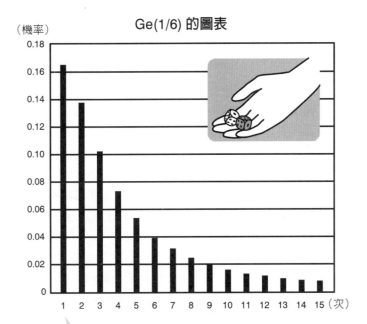

Ge(1/6) 的圖表

（機率）

投擲骰子時，首次便出現「1」的機率

投擲骰子時，第 15 次才出現「1」的機率

舉例來說，100 年發生 1 次的災害在未來 5 年之內發生的機率就能透過下式求出。我們只要將 p = 1/100, k = 5 代入左頁公式，就能得知：
$$1-(0.99)^5 = 0.049$$
也就是說，我們能得知其機率大約是 5%。

▶ 01

連續型機率變數

　　如同第 9 章第 1 節所述，機率變數分作**離散型**與**連續型**。上一章我們已經討論了離散型機率變數，也就是只能得到不連續數值的機率變數。本章要討論的則是**連續型機率變數**，也就是可以取得連續數值的機率變數。

　　請試想轉動圓周長為 1 的輪盤的試行。我們假設輪盤的指針位置為 X，則 X 便會是 $0 \leqq X < 1$ 範圍中的機率變數（右頁）。任何在 0 以上且未達 1 的實數都有可能被選出。接著若我們實際轉動輪盤，出現的數值既可能是 0.5 也可能是 0.674 等數值。像這樣**能取得連續性數值的機率變數**稱作**連續型機率變數**，其機率分布則稱作**連續型機率分布**。身高、體重與氣溫都是屬於連續型。另外，外匯比率、營業額與 GNP 等案例也會被視為近似於連續型的機率變數。

　　雖然離散型機率變數 X 能得到的所有數值都能個別用機率 $P(X=k)$ 來對應，但我們無法用這種方式來記述連續型的機率分布。這是因為可能得到的數值有無數個（如在 0 以上且未達 1 的實數就有無數個）。因此，我們不應針對個別數值計算機率，而是要設法對應 $a \leqq X \leqq b$ 的任意區間內的機率。如在輪盤案例的情況中就會是：

$$P(a \leqq X \leqq b) = b - a$$

實際上，只要使用上式，就能計算出任意區間中的機率，如我們可以求出 $P(0 \leqq X \leqq 0.5) = 0.5$ 或 $P(0.2 \leqq X \leqq 0.5) = 0.3$ 等機率。

輪盤的指針可能得到的數值並不像骰子
的 1,2,3…，而是像 1,1.001,1.002 這樣
無限趨近於連續的數值，因此它的機率
變數是屬於連續型

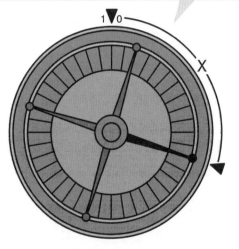

骰子的骰面可能得到的數值並不連續（離散型）

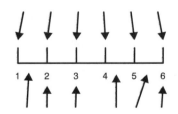

氣溫可能得到的數值有 1.3℃、2℃、4.23℃
等等，在理論上是連續的（連續型）

機率密度函數

在討論連續型分布時，我們會**用面積來呈現機率**。具體來說，在連續型機率變數 X 中，介於 a 以上與 b 以下的機率 $P(a \leq X \leq b)$，能夠用函數 $p(x)$ 中從 a 至 b 為止的範圍面積（積分）來呈現：

$$P(a \leq X \leq b) = \int_a^b p(x)dx$$

這個函數 $p(x)$ 稱作 X 的**機率密度函數**（右頁圖 1）。舉例來說，上一節介紹的轉盤指針的位置 X 的機率密度函數（圖 2）為：

$$p(x) = 1 \ (0 \leq x < 1), \ 0 \quad （除此之外的可能性）$$

由於輪盤上在 0 以上且未達 1 的所有數值會以相同的機率出現，假設我們能進行多次輪盤的試行，其直方圖預想結果的大致感覺會像圖 3（我們假設全面積為 1）。若是再進一步持續反覆，這個直方圖應會趨近於上述的機率密度函數。簡單地說，機率密度函數所對應到的，就是實施無限次試行（假想情形）時的直方圖。**機率變數的性質是由機率密度函數來決定的。**

由於連續型的分布也是透過平均數、變異數與標準差來定義，因此我們也會對此進行列舉說明。下式是當 X 的範圍在 A 以上並未達 B 時的定義：

平均數 $\mu = \int_A^B xp(x)dx$，變異數 $\sigma^2 = \int_A^B (x-\mu)^2 p(x)dx$，標準差 $\sigma = \sqrt{\sigma^2}$

另外，將 X 變換至 $f(X)$ 的**期望值**的量為 $E\{f(x)\} = \int_A^B f(x)p(x)dx$。

圖 1

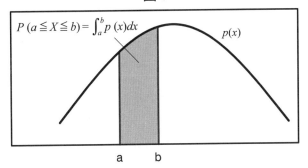

圖 2　輪盤的密度函數

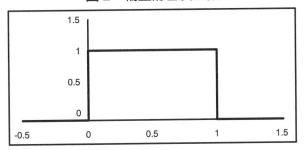

圖 3

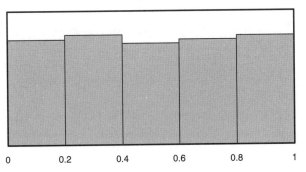

均匀分布

我們在前兩節運用輪盤案例進行介紹，而這就是稱作**均匀分布**的實用機率分布。均匀分布是在某個範圍（在 A 以上並未達 B）的數值都以一樣機率實現時的分布，以 $U(A, B)$ 的記號記述，在輪盤案例中記爲 $U(0,1)$。

讓我們假設機率變數 X 從屬於均匀分布 $U(A, B)$，此時 X 的機率密度函數便會是：

$$p(x) = \frac{1}{B-A} \ (A \leqq x < B)$$

事實上，若是多次觀察，則直方圖感覺應會像右圖一樣。

讓我們來計算平均數 μ。

$$\mu = \int_A^B x \frac{1}{B-A} dx = \frac{1}{B-A} \int_A^B x dx = \frac{1}{B-A} \left[\frac{x^2}{2} \right]_A^B$$

$$= \frac{1}{B-A} \left[\frac{B^2-A^2}{2} \right] = \frac{1}{B-A} \times \frac{(B-A)(B+A)}{2} = \frac{A+B}{2}$$

平均數正好位於 A 與 B 之間的中點。此外，變異數是 $\sigma^2 = (B-A)2/12$（本處將省略計算）。因此，當 $A = 0$、$B = 1$ 時，輪盤 $U(0, 1)$ 的平均數便是 $1/2$，變異數爲 $1/12$，標準差爲 $1/\sqrt{12}$（$\fallingdotseq 0.29$）。

均匀分布也能用於等待時間的模型中。比方說，若我們知道自現在起某個事件會在 1 個小時內確實發生，但不知道是未來 1 個小時中的什麼時候，我們也能讓等待時間 X 從屬於均匀分布 $U(0, 1)$。此外，均匀分布也能用來**產生亂數**。

U(A, B) 觀察值的直方圖例

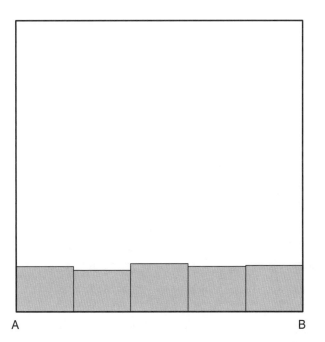

A   B

上圖是 U(A, B) 觀察值的直方圖概念圖。比方說，當我們多次觀察輪盤指針的結果（觀察值）時，出現結果就會像上圖一樣，儘管會有些許差異，但大致上都會相等。只要觀察次數愈多，各柱的差異也會愈小。

常態分布（1）

常態分布會出現於身高或胸圍等身體測定值、測定誤差等各式各樣的場面。此外，許多變量都能透過指數變換而適用於常態分布。常態分布的機率密度函數與形狀如同右頁圖 1。有著呈**左右對稱**與**鐘型**這 2 項特徵。所謂的鐘型，就是指峰頂尖端的梯度平緩，並隨著往下而漸漸陡峭，靠近底端時又趨近平緩的形狀。

我們會用 $N(\mu, \sigma^2)$ 的記號記述平均數爲 μ、變異數爲 σ^2 的常態分布。如 $N(0, 1)$ 便是平均數爲 0、變異數爲 1 的常態分布（稱作**標準常態分布**）。

在右頁圖 1 的情形中，峰頂尖端的點就是平均數 μ。而自該點起向外移動 1 個標準差的距離，曲線的形狀就會從上凸轉變爲下凸。各個 sigma **範圍**的機率爲：

1σ 個範圍　　$\mu - \sigma \leqq X \leqq \mu + \sigma$　　**機率爲 68.3%**

2σ 個範圍　　$\mu - 2\sigma \leqq X \leqq \mu + 2\sigma$　　**機率爲 95.4%**

3σ 個範圍　　$\mu - 3\sigma \leqq X \leqq \mu + 3\sigma$　　**機率爲 99.7%**

我們可以得知，在常態分布的情況下，位於 3σ 個範圍的機率在 1000 之中只有 3 個（3/1000），幾乎相當於零。

舉例來說，若是小學一年級孩童的身高（cm）的機率分布爲 $N(118, 6^2)$，則 118±6 cm 的範圍之中涵蓋了 68.3% 的孩童、118±12 cm 的範圍之中則涵蓋了 95.4% 的孩童。此外，請務必記住，位於 $\mu + 1.64 \times \sigma$ **以上的機率會是** 5%。只要利用此式，就能算出 118 + 1.64×6 = 127.84 cm 以上的孩童的身高是屬於前 5% 高的上層。

常態分布

$$P(x) = \frac{1}{\sqrt{2\pi}\,\sigma}\ e^{-\frac{(x-\mu)^2}{2\,\sigma^2}}$$

$$E(x) = \mu\ ,\ V(X) = \sigma^2$$

圖1 N$(\mu,\ \sigma^2)$ 的密度函數

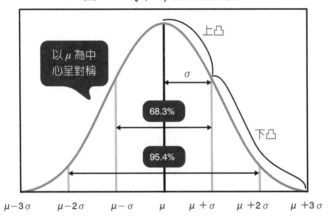

以 μ 為中心呈對稱

上凸

σ

68.3%

95.4%

下凸

$\mu-3\sigma$ $\quad$ $\mu-2\sigma$ $\quad$ $\mu-\sigma$ $\quad$ μ $\quad$ $\mu+\sigma$ $\quad$ $\mu+2\sigma$ $\quad$ $\mu+3\sigma$

圖2 N(0, 1) 的密度函數

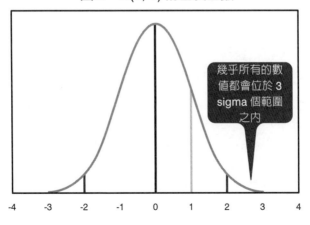

幾乎所有的數值都會位於 3 sigma 個範圍之內

-4 $\quad$ -3 $\quad$ -2 $\quad$ -1 $\quad$ 0 $\quad$ 1 $\quad$ 2 $\quad$ 3 $\quad$ 4

11

連續型機率分布

常態分布（2）

常態分布最重要的特徵是「若機率變數 X 呈常態分布，則就算其規模有所變化仍必屬於常態分布」。正確地說，若 X 的分布為 $N(\mu, \sigma^2)$，則 $Y = aX + b$ 的分布便會是 $N(a\mu + b, a^2\sigma^2)$。就讓我們來實地演練吧。假設小學生的身高 X(cm) 的分布為 $N(118, 6^2)$。若將 X 的單位修改為公尺，就能得到 $Y = 0.01X$，其分布也會變為 $N(118, 6^2)$。

若用同樣方式計算，當 X 的分布為 $N(\mu, \sigma^2)$ 時，其**標準化**的機率分布

$$Z = \frac{X - \mu}{\sigma} \cdots\cdots(1)$$

便會是標準常態分布 $N(0, 1)$。也就是說，無論原先的常態分布是什麼，只要用 (1) 式的方法變形，就能將其變換為標準常態分布。在進行機率計算時，我們所利用的就是這項性質。

讓我們用簡單的數值例進行練習吧。讓我們設 X 的分布為 $N(50, 10^2)$，試求 $P(40 \leqq X \leqq 65)$。如同上述，$Z = (X - 50)/10$ 會從屬於 $N(0, 1)$。只要將 $40 \leqq X \leqq 65$ 一式同減 50 並同除 10，就能變換為：

$$\frac{40 - 50}{10} \leqq \frac{X - 50}{10} \leqq \frac{65 - 50}{10}$$ 也就是 $-1 \leqq Z \leqq 1.5$

可見 $P(40 \leqq X \leqq 65) = P(-1 \leqq Z \leqq 1.5)$ 得以成立。上述等式右方的機率為標準常態分布，也就是說，任意的常態分布都能夠整理回標準常態分布。我們也可以透過 Excel 等工具，輕易地計算出標準常態分布。

常態分布與標準化

若 X 屬於常態分布，則 aX + b 亦屬於常態分布。
比方說，我們設 X 從屬於 N(50, 100)。

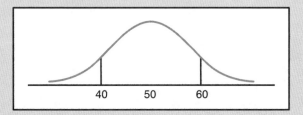

此時 X + 10 便會從屬於 N(110, 100)，

$\dfrac{X-50}{10}$ 便會從屬於 N(0, 1)

習題：設 X 從屬於 N(50, 100)，試求 2X、2X + 50、$\dfrac{X-50}{10}$ 的分布

答：依序為 N(100, 400)、N(150, 400)、N(0, 1)

在 Excel 中，我們能用「normsdist(b) – normsdist(a)」
求出 P(a ≤ Z ≤ b)。只要使用此函數，就能得知
P(Z) = 0.819，而這就是我們所要求出的機率。各位也
能利用第 13 章第 5 節的數學用表。

第 4 部

---
10 hour ⊘

Statistics

根據數據進行
判斷

第 4 部的目標

從數據推測母群體的方法有「估計」與「檢定」。估計是指利用數據來猜測母群體的平均數（母體平均數）與變異數（母體變異數）的方法。另外，檢定指的則是針對母群體建立 2 個假設，並根據數據選擇較為正確的假設。為了能夠有效實施估計與檢定，我們必須隨機從母群體抽出樣本。這些樣本稱作隨機樣本。第 4 部的前半段（第 12～15 章）將概略說明利用隨機樣本推測母群體的基礎。第 16 章之後則會討論應用方式，因此各位讀者可以不必按照順序閱讀。

機率變數的獨立性

　　如同第 7 章所述，我們會將手中的數據看作從**母群體**中抽選出來的**樣本**。透過隨機抽選得到的樣本**隨機樣本**就是母群體的「代表數值」，我們也期待它們能扮演好母群體縮圖的角色。這也是我們能夠透過隨機樣本來推測母群體的重要根據。

　　在第 3 章第 7 節，我們將隨機樣本定義為「在母群體中的各個個體都會以相同的機率被抽選出來的情形下得到的樣本」。當母群體為有限個時，這樣的定義就夠充分了（若是要從由 30 人所組成的母群體之中抽選出 7 人，只要讓各個個體被抽選出來的機率都是 7/30 即可）。但是，若是母群體的個體數為無限時，這個定義就無法發揮功用。為了處理無限的母群體，我們必須讓隨機樣本的定義具有一般性。由於母群體是呈機率分布，所以我們將運用機率的概念進行定義。

　　作為預備知識，我們需要先定義**機率變數的獨立性**。我們在離散型機率變數（第 9 章第 1 節）也做過相關說明，而連續型（第 11 章第 1 節）的情形也是一樣。根據定義，**若是離散型機率變數 X 與 Y 相互獨立，便意味著任何 X 與 Y 可能得到的數值，都必定能讓下式成立：**

$$P(X = x \cap Y = y) = P(X = x)P(Y = y)$$

這項定義與事件的獨立性的定義（第 8 章第 5 節）相關聯。當 2 個事件 A 與 B 相互獨立，便代表 $P(A \cap B) = P(A) \times P(B)$ 一式成立。當變數 X 與 Y 相互獨立，便代表這兩個機率變數所有可能得到的數值，都能滿足讓事件 $A = \{X = x\}$ 與 $B = \{Y = y\}$ 相互獨立的情況。這點也適用於存有 3 個以上的機率變數的情況。

事件的獨立性是什麼？

所謂的事件的獨立性，是指連續丟擲 2 次骰子時，第 1 次出現的數字並不會對第 2 次出現的數字造成任何影響等情況。

隨機樣本的定義

本節將討論隨機樣本的定義。若我們宣稱 n 個機率變數 $X_1, X_2, \cdots, X_n$ 是從母群體（常態分布或二項分布等）抽選出的**隨機樣本**，就代表下列 2 項條件已成立。

(i) $X_1, X_2, \cdots, X_n$ 相互獨立（**獨立性**）

(ii) $X_1, X_2, \cdots, X_n$ 之中的所有個體皆從屬於相同分布（**同分布性**）

此外，我們會將稱爲**樣本大小**。

舉例來說，我們假設 $X_1, X_2, \cdots, X_{100}$ 爲 100 名 20 多歲男性身高測定值（cm）的集合，並設母群體爲「所有 20 多歲的日本男性」，而該集合呈現平均身高爲 170 cm、標準差爲 5 cm 的常態分布 $N(170, 5^2)$。此時，若我們宣稱 $X_1, X_2, \cdots, X_{100}$ 爲母群體 $N(170, 5^2)$ 的隨機樣本，就代表 $X_1, X_2, \cdots, X_{100}$ 相互獨立且皆從屬於同一常態分布 $N(170, 5^2)$。

在本身高的案例中，(i) 的獨立性條件涵義是必須透過隨機抽選來決定測定對象。比方說，若是容許一味挑選相同運動社團的人，或者是允許一部分的測定對象讓朋友或兄弟同行，測定值之間就會產生相關，獨立性就不會成立。(i) 的條件就是爲了排除這種狀況而存在的。另外，(ii) 的同分布性條件涵義則是必須讓所有的測定值取自於同一個母群體。也就是說，測定對象必須侷限爲 20 多歲的男性，年齡、性別或國籍不同的人皆不能包含在內。

隨機樣本

隨機樣本的必要條件有…

(i) 獨立性

→測定對象不能攜帶朋友或兄弟一同參加。
這會讓測定值產生相關，使獨立性受到破壞。

朋友 →

兄弟 ←

(ii) 同分布性

→所有的測定值都必須從同一母群體選出。
若測定對象是男性，樣本中就不能有女性。

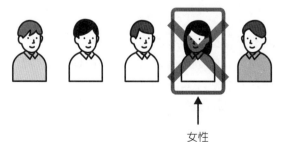

女性

▶ 03

樣本平均數與樣本變異數

之前我們學過的常態分布 $N(\mu, \sigma^2)$ 或卜瓦松分布 $Po(\alpha)$ 等機率分布，都是只要能知道 μ, σ, α 的數值，就能藉此將機率分布定為唯一型態，而這樣的數值稱作**母數**。通常平均數或變異數會扮演母數的角色，實際上，μ 與 σ^2 分別是常態分布的平均數與變異數，α 則是卜瓦松分布的平均數。

母群體的機率分布中的平均數與變異數分別稱作**母體平均數**與**母體變異數**。在上一節的身高案例之中，母群體是 $N(170, 5^2)$，因此母體平均數為 170 cm，母體變異數為 5^2。這些數值分別代表著所有 20 歲男性身高的平均數與變異數。

通常實際上會碰到的問題，是我們不知道母體平均數與母體變異數等母數，而分析者則是想要知道（估計）這些母數。在上述身高案例中，若是我們不知道母數，則母群體會記述為 $N(\mu, \sigma^2)$。接下來本章要討論的問題，就是當我們從 $N(\mu, \sigma^2)$ 之中挑選出大小為 n 的隨機樣本 $X_1, X_2, \cdots, X_n$ 時，要如何估計這些樣本的母體平均數 μ 與母體變異數 σ^2。被選出的 n 個測定值 $X_1, X_2, \cdots, X_n$ 這項樣本的平均數與變異數分別是：

$$M = \frac{1}{n}(X_1, X_2, \cdots, X_n),$$

$$S^2 = \frac{1}{n}\{(X_1 - M)^2 + (X_2 - M)^2 + \cdots + (X_n - M)^2\},$$

它們分別稱作**樣本平均數**與**樣本變異數**。一般認為，樣本平均數 M 的數值會接近母體平均數 μ 的數值（$M \doteqdot \mu$），而樣本變異數 S^2 的數值則會接近母體變異數 σ^2 的數值（$S^2 \doteqdot \sigma^2$）。因此用樣本平均數估計母體平均數，或用樣本變異數估計母體平均數，便是一種自然的方法。

估計未知的母數

我們假設從身高的母群體之中取得大小為 7 的隨機樣本 173.5, 168.5, 164.5, 167.5, 166.5, 170.0, 169.0(cm)，則樣本平均數便是 (173.5 + 168.5 + … + 169.0)/7 = 168.5 cm。藉此，我們可以估計母體平均數為 168.5 cm。這種估計法有著下一節即將說明的無偏性「優點」。

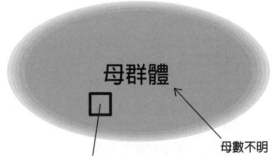

母群體

母數不明

我們假設母數是透過未知的母群體取得的隨機樣本，而這些樣本的平均數、變異數和母體平均數、母體變異數相當接近。
→我們會用樣本平均數來估計母體平均數、用樣本變異數來估計母體變異數

樣本平均數與樣本變異數等透過樣本計算得知的量稱作統計量。其中用於估計的統計量又稱作估計量。也就是說，樣本平均數 M 是 μ 的 1 項估計量，而樣本變異數 S^2 也是 σ^2 的 1 項估計量。

無偏性

　　本節會從無偏性的觀點，進一步深入探討估計母體平均數與母體變異數時的知識。作爲預備知識，請容我先介紹與期待值有關的公式。**當我們設 X、Y 爲機率變數，並設 a、b 爲常數時，則**

$$E\{aX + bY\} = aE(X) + bE(Y)\cdots\cdots\cdots(1)$$

便會成立（和的期待值會是所有期待值的加總）。 只要反覆使用該式，就能得知個機率變數的和也能讓同樣的結果成立。我們能藉此推導出下列定理。

　　定理 1（樣本平均數的無偏性）：設 $X_1, X_2, \cdots, X_n$ 是從母體平均數 μ、母體變異數 σ^2 取得的隨機樣本。此時的樣本平均數 $M = (X_1 + X_2 + \cdots + X_n)/n$ 會滿足 $E(M) = \mu$ 的條件。（定理結束）

　　這項定理的意涵如同下述。雖然 M 是母體平均數 μ 的估計量，我們也希望能作出 $M \fallingdotseq \mu$，但實際選出的數據可能會產生的數值卻是形形色色（會有所分散、偏離）。但是，該式的涵義便是只要滿足隨機抽樣的條件，則那些分散樣本的中心便會與估計對象 μ 相等。這個性質稱作**無偏性**，而具有無偏性的估計量稱作無偏估計量。也就是說，**樣本平均數是母體平均數的無偏估計量**。

　　那麼，樣本變異數是否爲母體變異數的無偏估計量呢？請容我省略證明，直接將樣本變異數式中的分母置換爲 $n-1$（s^2 則不做更動）：

$$s^2 = \frac{1}{n-1}(X_1 - M)^2 + (X_2 - M)^2 + \cdots + (X_n - M)^2\}$$

而上式結果便是 σ^2 的無偏估計量。換句話說，此時的樣本變異數會滿足 $E(s^2) = \sigma^2$ 的條件。接下來，我們會將 s^2 稱作**樣本變異數**。

無偏性是什麼？

讓我們實際用數值來說明定理 1 的內容。

我們生成了 6 個從屬於常態分布 N(5,4) 的亂數，得到下列數值：

3.0　5.1　6.7　3.2　3.8　5.8

我們能將它們看作從 N(5,4) 的母群體中取得、大小為 6 的隨機樣本，
並期待這些樣本平均數的數值會接近母體平均數。

這些樣本（設為樣本 1）的樣本平均數是：

M = 4.6

接著，我們再生成 9 項大小為 6 的隨機樣本，

並計算各項樣本平均數後得到下列結果：

樣本 2	0.8	4.9	5.6	6.1	7.7	5.0	（樣本平均數 M = 5.0）
樣本 3	1.8	5.7	3.7	7.7	6.1	4.1	（樣本平均數 M = 4.9）
樣本 4	6.5	4.9.	3.8	3.4	5.3	0.2	（樣本平均數 M = 4.0）
樣本 5	3.7	5.5	6.0	0.9	7.6	3.0	（樣本平均數 M = 4.5）
樣本 6	6.9	8.0	6.5	2.4	9.5	7.0	（樣本平均數 M = 6.7）
樣本 7	3.9	8.1	1.8	7.4	6.9	4.4	（樣本平均數 M = 5.4）
樣本 8	2.9	11.0	6.0	6.7	5.0	6.2	（樣本平均數 M = 6.3）
樣本 9	2.2	5.0	5.0	4.7	6.8	5.0	（樣本平均數 M = 4.8）
樣本 10	5.4	4.3	4.8	5.1	5.9	2.3	（樣本平均數 M = 4.6）

這 10 項樣本平均數 M 雖然會因抽選出的樣本差異而有所分散，不過由於
定理 1 使 E(M) = μ 成立，因此這些分散樣本的中心會是母體平均數 5。
我們也能從下圖窺見出這點，該圖顯示出這 10 項樣本平均數的平均數為：

(4.6 + 5.0 + … + 4.6)/10 = 5.1

樣本平均數的分散與偏離

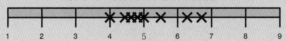

標準平均數的分布

　　在上一節裡，我們可以得知無論母群體的機率分布型態是什麼，定理的結果都能夠成立。也就是說，無論母群體是什麼，隨機樣本的樣本平均數都會是母體平均數的無偏估計量。而若是母群體屬於常態分布，我們甚至可以進一步宣稱：

　　定理 2：設 $X_1, X_2, \cdots, X_n$ 為自常態分布 $N(\mu, \sigma^2)$ 選出的隨機樣本。此時樣本平均數 $M = (X_1 + X_2 + \cdots + X_n)/n$ 的分布為 $N(\mu, \sigma^2/n)$。

　　透過這項定理，我們能得知**當母群體呈現常態分布時，樣本平均數也會從屬於常態分布**。藉此，我們便能進行形形色色的機率計算。比方說，我們假設 20 歲男性身高的母群體可標示為常態分布 $N(\mu, 5^2)$，並從中隨機選出 100 人身高的測定值 $X_1, X_2, \cdots, X_{100}$。那麼，運用樣本平均數 M 來估計母體平均數 μ 時的估計誤差 $|M-\mu|$ 的大小會是如何呢？根據定理 2，M 會從屬於 $N(\mu, (0.5)^2)$。由於標準差是 0.5，若我們以 2σ 個範圍計算便能得到 $\mu - 1 \leqq M \leqq \mu + 1$。該式也能寫作 $|M-\mu| \leqq 1$。因此，我們可以得知估計誤差在 1 cm 以下的機率為 95.4%。

　　事實上，就算母群體並非常態分布，當數據夠多時，近似於上述定理的結果也能夠成立。這種現象稱作**中央極限定理**：

　　定理 3（中央極限定理）：設 $X_1, X_2, \cdots, X_n$ 為自母體平均數為 μ、母體變異數為 σ^2 選出的大小為 n 的隨機樣本。隨著 n 的數值的增加，樣本平均數 $M = (X_1 + X_2 + \cdots + X_n)/n$ 的分布便會愈來愈接近 $N(\mu, \sigma^2/n)$（收斂）。

在用 M 來估計未知的 μ 時，$M-\mu$ 的數值意涵便是「偏離估計範圍的程度」（若該數值為 0，代表精準無誤地猜中了）。這個數值無論是正是負，在偏離上的意義皆是代表相同的意思，因此我們會加上絕對值，用 $|M-\mu|$ 來估計推測誤差。

習題：請運用定理 2，試求下列分布

(i) 設 X_1, X_2, X_3 是從 M(10, 9) 之中抽選出的隨機樣本。試求上述條件中的樣本平均數 $N = \dfrac{X_1 + X_2 + X_3}{3}$ 的分布。

(ii) 設 X_1, X_2, X_3, X_4, X_5 是從 M(50, 250) 之中抽選出的隨機樣本。試求上述條件中的樣本平均數 $N = \dfrac{X_1 + X_2 + X_3 + X_4 + X_5}{5}$ 的分布。

答：依序為 N(10, 3)、N(50, 50)

只要使用中央極限定理，就算母群體並非常態分布，在數據數量夠多的情形下，計算機率時照樣也能把樣本平均數當作是從屬於常態分布。

點估計與區間估計

　　本章與下一章將解說**估計**的方法。估計是指推測母體平均數與母體變異數等母數（求得近似值）的行為。

　　估計能大致區分為**點估計**與**區間估計**。我們其實已在上一章介紹過這兩種估計的案例。在第 12 章第 3 節的右頁之中，我們運用樣本平均數 M 的數值估計母體平均數為 168.5 cm。像這樣將母數估計為 1 項數值的估計方式稱作**點估計**。

　　另外，我們也在第 12 章第 5 節求出在 95.4% 的機率中涵蓋母體平均數的區間。像這樣求出一定的機率下涵蓋母數的區間做法稱作**區間估計**。讓我們以母體平均數為例，說明區間估計這項用語。在區間估計中，我們會先指定涵蓋的區間機率。在大多數的情況下，我們會選擇 99%、95%、90% 等機率，不過這部分也可以任意選擇。這項機率稱作**信賴係數**。在這裡，讓我們設信賴係數為 95%。接下來，我們便能利用 95% 的機率來求出涵蓋 μ 的區間 $L \leqq \mu \leqq U$：

$$P(L \leqq \mu \leqq U) = 0.95$$

這個區間稱作 μ 的信賴係數為 95% 的信賴區間，而 L 與 U 分別稱作**信賴下限**與**信賴上限**。另外，與都是統計量，也就是只透過樣本來決定的量（不得相依於未知的 μ）。

　　很顯然地，信賴係數愈大、且信賴區間的範圍愈小是最理想的，不過一般來說提高信賴係數時信賴區間的範圍也會變大。也就是說我們必須在兩者之間做出取捨。不過只要數據個數增加，在大多情況下（即使不降低信賴係數）信賴區間的範圍也會隨之變小。

區間估計

未知的母體平均數 μ 座落於由樣本所決定的統計量 L 與 U 之間的機率

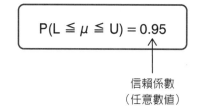

$$P(L \leqq \mu \leqq U) = 0.95$$

信賴係數
（任意數值）

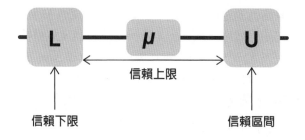

信賴上限

信賴下限　　　　　　　　　　　信賴區間

▶ 02

母體平均數的區間估計（已知母體變異數的情況）

我們將從本節開始討論當母群體屬於常態分布 $N(\mu, \sigma^2)$ 時，母體平均數的信賴區間的推導方式。由於推導方式會隨已知或未知母體變異數 σ^2 的情形而有所不同，因此我們將在本節討論已知的情況，並在下一節介紹未知情況下的推導方式。作爲預備知識，我們會先補充介紹關於 σ 範圍的知識。我們假設機率變數從屬於常態分布 $N(\alpha, \beta^2)$。在這個情況下，2σ 個範圍 $\alpha \pm 2\beta$ 的機率便是 95.4%。讓我們稍微縮小 σ 範圍，將「2」變換爲「1.96」，就剛好能將機率變換爲 95%。也就是說，該範圍便會是：

$$P(\alpha - 1.96\beta \leqq Y \leqq \alpha + 1.96\beta) = 0.95 \cdots\cdots\cdots(1)$$

順道一提，1.64σ 個範圍則是對應到 90% 的機率。也就是說，該範圍便會是：

$$P(\alpha - 1.64\beta \leqq Y \leqq \alpha + 1.64\beta) = 0.9$$

接下來，讓我們切入正題。我們將繼續使用先前 20 歲男性身高的案例。我們假設身高的測定值 $X_1, X_2, \cdots, X_n$ 是從常態分布 $N(\mu, \sigma^2)$ 抽選出的隨機樣本，並已知母體變異數爲 $\sigma^2 = 5^2$。此時我們就能根據定理 2 得知樣本平均數 $M = (X_1 + X_2 + \cdots + X_n)/n$ 會從屬於常態分布 $N(\mu, 5^2/n)$。就讓我們來求出母體平均數 μ 的信賴係數 95% 信賴區間吧。只要將樣本平均數 M 代入 (1) 式，設 $Y = M$，$\alpha = \mu$，$\beta^2 = 5^2/n$，則下式便會成立：

$$P(\mu - 1.96 \times 5/\sqrt{n} \leqq M \leqq \mu + 1.96 \times 5/\sqrt{n}) = 0.95$$

只要透過變形處理括弧中的不等式，本式便能記述爲：

$$P(M - 1.96 \times 5/\sqrt{n} \leqq \mu \leqq M + 1.96 \times 5/\sqrt{n}) = 0.95 \cdots\cdots\cdots(2)$$

我們也能藉此得知這就是 **μ 的信賴係數爲 95% 的信賴區間**。若是想將信賴係數設定爲 90%，則將 1.96 改爲 1.64 即可。如在 95% 信賴區間的情況下，若 $n = 100$ 人的 20 歲男性身高的樣本平均數 M 的數值爲 168.5cm 的話，代入 (2) 式便能得到 $167.52 \leqq \mu \leqq 169.48$。

信賴係數為 95% 的信賴區間

概念圖

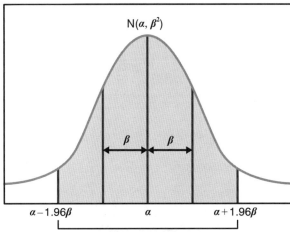

$$N(\alpha, \beta^2)$$

$$\alpha - 1.96\beta \qquad \alpha \qquad \alpha + 1.96\beta$$

會有 95% 在本範圍之內

套用左例數字的圖

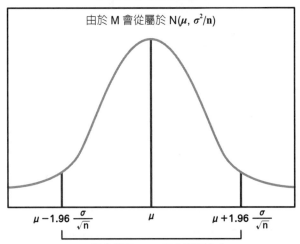

由於 M 會從屬於 $N(\mu, \sigma^2/n)$

$$\mu - 1.96\frac{\sigma}{\sqrt{n}} \qquad \mu \qquad \mu + 1.96\frac{\sigma}{\sqrt{n}}$$

因此會有 95% 在本範圍之內

母體平均數的區間估計（未知母體變異數的情況）（1）

　　上一節的公式無法用於母體變異數 σ^2 為未知的情況（這是因為信賴區間之中涵蓋著 σ）。那麼，當我們未知母體變異數時，又該如何設定信賴區間呢？其中 1 項方法，就是運用樣本變異數 s^2 來估計未知的 σ^2，也就是將公式中的 σ^2 換成它的無偏估計量 s^2。

　　讓我們將信賴係數設為 95%，並用 s 取代上一節 (2) 式區間之中未知的 σ，就會變成：

$$M - 1.96 \times s/\sqrt{n} \leqq \mu \leqq M + 1.96 \times s/\sqrt{n},$$

不過還有一處必須修正，那就是 1.96 這個數字。1.96 是常態分布所賦予的數值，也就是說，由於上一節的機率分布是常態分布，它的 1.96σ 個範圍的機率才會是 95%。當我們用 s 取代 σ，則它的區間就會與 M 的 1.96σ 個範圍有所差異，我們也無法確認其機率是否為 95%，必須將條件修改如下：由於 M 的機率分布為 $N(\mu, \sigma^2/n)$，因此的標準化（參照第 11 章第 5 節 (1) 式）將從屬於標準常態分布：

$$Z = \frac{M - \mu}{\sqrt{\sigma^2/n}} = \frac{\sqrt{n}(M - \mu)}{\sigma}$$

由於將 σ 置換為 s 時：

$$\frac{M - \mu}{\sqrt{s^2/n}} = \frac{\sqrt{n}(M - \mu)}{s} = t \text{（我們會將此式結果設為）} \quad \cdots\cdots(3)$$

該量的分子與分母皆存有機率變數，其分散程度會比 Z 還要大，因此不會再從屬於常態分布了。t 會從屬於**自由度為 $n-1$ 的 t 分布**。因此，我們必須使用 t 分布來求出機率為 95% 的範圍。

估計未知的母數

由於這 2 項 σ 為未知，
因此無法直接進行估計

$$M-1.96\,\frac{\sigma}{\sqrt{n}} \leqq \mu \leqq M+1.96\,\frac{\sigma}{\sqrt{n}}$$

由於 $s^2 \fallingdotseq \sigma^2$，因此我們可以利用這點來置換上式……

$$M-1.96\,\frac{s}{\sqrt{n}} \leqq \mu \leqq M+1.96\,\frac{s}{\sqrt{n}}$$

試著用這個方式改寫原式吧！

另外，由於 $\dfrac{M-\mu}{s/\sqrt{n}}$ 的分布不是常態分布，

因此「1.96」所代表的範圍也會有所改變。

母體平均數的區間估計（未知母體變異數的情況）（2）

右頁呈現的是 t 分布的圖表概要形狀。其重點包含：

· **左右對稱**
· 較 $N(0,1)$ 呈**厚尾分布**
· 當 n 愈大時會愈接近 $N(0,1)$（**收斂**）

只要賦予 t 分布自由度 $n-1$，就能決定其分布形狀，因此我們會用 $t(n-1)$ 的記號記述。

當 $-c \leqq t \leqq c$ 涵蓋的機率為 95% 時，上述的便稱作**雙尾 5% 點**。只要用 $t_{0.05}^{n-1}$ 表示 c，下式便會成立：

$$P\left(-t_{0.05}^{n-1} \leqq t \leqq t_{0.05}^{n-1}\right) = 0.95$$

只要利用 Excel 的 tinv 函數，輸入 tinv(0.05, 自由度)，就能求出雙尾 5% 點。比方說，若是我們要求出 $t_{0.05}^{99}$，只要輸入 tinv(0.05, 99)，就能得知 $t_{0.05}^{99} = 1.98$（也就是說 $P(-1.98 \leqq t \leqq 1.98) = 0.95$）會成立。

用原先記號記述上式括弧中的不等式，該式便是：

$$P\left(-t_{0.05}^{n-1} \leqq \frac{\sqrt{n}(M-\mu)}{s} \leqq t_{0.05}^{n-1}\right) = 0.95$$

再透過整理，便能得到下式：

$$P\left(M - t_{0.05}^{n-1} \times \frac{s}{\sqrt{n}} \leqq \mu \leqq M + t_{0.05}^{n-1} \times \frac{s}{\sqrt{n}}\right) = 0.95 \cdots\cdots\cdots(4)$$

最後，我們所導出的就是**信賴係數為 95% 的信賴區間**。

讓我們將本區間應用至 20 歲男性身高的案例。假設我們已計算出樣本變異數為 $s^2 = 36$，並將信賴區間 95%、$n = 100$、$t_{0.05}^{99} = 1.98$、$M = 168.5$ cm、$s^2 = 36$ 代入 (4) 式，即能透過計算 $168.5 \pm 1.98 \times 0.6$，得到 $167.31 \leqq \mu \leqq 169.69$ 的信賴區間。

t 分布的圖表

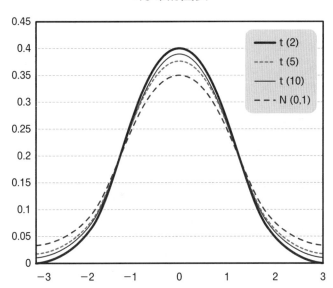

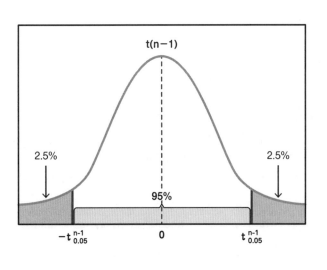

簡單的數值例

我們假設下列數據是從母群體 $N(\mu, \sigma^2)$ 取得、個數大小為 9 的實現值。

54, 77, 87, 81, 87, 89, 102, 84, 86

其樣本平均數 M 數值為：

$$M = (54 + 77 + \cdots + 86)/9 = 83.0$$

因此，母體平均數的點估計值為 83.0。

接下來讓我們來求出信賴係數為 90% 的信賴區間。我們假設母體變異數是已知的 $\sigma^2 = 18^2 = 324$。在這個情況下，我們會使用第 13 章第 2 節中的 (2) 式。由於信賴區間是 90%，則將 1.96 置換為 1.64 的下式便會成立：

$$P(M - 1.64 \times 18/\sqrt{n} \leqq \mu \leqq M + 1.64 \times 18/\sqrt{n}) = 0.90$$

將樣本平均數與數據總數代入本式，計算 $83.0 \pm 1.64 \times 6$，便能得到下列區間：

$$73.2 \leqq \mu \leqq 92.8$$

接下來讓我們假設母體變異數是未知的情況。由於樣本變異數 s^2 的數值是

$$s^2 = \frac{1}{8}\{(54 - 83.0)^2 + (77 - 83.0)^2 + \cdots + (86 - 83.0)^2\} = 165.0$$

因此我們估計母體變異數 σ^2 是 $165.0 = (12.8)^2$，並試圖求出信賴係數為 90% 的信賴區間。根據第 13 章第 3 節的 (3) 式的量，本式會從屬於自由度為 8 的 t 分布，由於 $t^8_{0.1} = 1.86$，根據第 13 章第 3 節的 (4) 式便能讓下式成立：

$$P\left(M - 1.86 \times \frac{s}{\sqrt{n}} \leqq \mu \leqq M + 1.86 \times \frac{s}{\sqrt{n}}\right) = 0.90$$

只要將樣本平均數、樣本變異數與數據總數代入本式，計算 $83.0 \pm 1.86 \times 12.8/3$，便能得到下列區間：

$$75.1 \leqq \mu \leqq 90.9$$

標準常態分布表

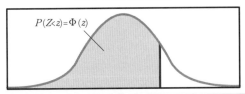

$P(Z<z)=\Phi(z)$

z	0.00	0.01	0.02	0.03	0.04	0.05	0.06	0.07	0.08	0.09
0	0.5000	0.5040	0.5080	0.5120	0.5160	0.5199	0.5239	0.5279	0.5319	0.5359
0.1	0.5398	0.5438	0.5478	0.5517	0.5557	0.5596	0.5636	0.5675	0.5714	0.5753
0.2	0.5793	0.5832	0.5871	0.5910	0.5948	0.5987	0.6026	0.6064	0.6103	0.6141
0.3	0.6179	0.6217	0.6255	0.6293	0.6331	0.6368	0.6406	0.6443	0.6480	0.6517
0.4	0.6554	0.6591	0.6628	0.6664	0.6770	0.6736	0.6772	0.6808	0.6844	0.6879
0.5	0.6915	0.6950	0.6985	0.7019	0.7054	0.7088	0.7123	0.7157	0.7190	0.7224
0.6	0.7257	0.7291	0.7324	0.7357	0.7389	0.7422	0.7454	0.7486	0.7517	0.7549
0.7	0.7580	0.7611	0.7642	0.7673	0.7704	0.7734	0.7764	0.7794	0.7823	0.7852
0.8	0.7881	0.7910	0.7939	0.7967	0.7995	0.8023	0.8051	0.8078	0.8106	0.8133
0.9	0.8159	0.8186	0.8212	0.8238	0.8264	0.8289	0.8315	0.8340	0.8365	0.8389
1	0.8413	0.8438	0.8461	0.8485	0.8508	0.8531	0.8554	0.8577	0.8599	0.8621
1.1	0.8643	0.8665	0.8686	0.8708	0.8729	0.8749	0.8770	0.8790	0.8810	0.8830
1.2	0.8849	0.8869	0.8888	0.8907	0.8925	0.8944	0.8962	0.8980	0.8997	0.9015
1.3	0.9032	0.9049	0.9066	0.9082	0.9099	0.9115	0.9131	0.9147	0.9162	0.9177
1.4	0.9192	0.9207	0.9222	0.9236	0.9251	0.9265	0.9279	0.9292	0.9306	0.9319
1.5	0.9332	0.9345	0.9357	0.9370	0.9382	0.9394	0.9406	0.9418	0.9429	0.9441
1.6	0.9452	0.9463	0.9474	0.9484	0.9495	0.9505	0.9515	0.9525	0.9535	0.9545
1.7	0.9554	0.9564	0.9573	0.9582	0.9591	0.9599	0.9608	0.9616	0.9625	0.9633
1.8	0.9641	0.9649	0.9656	0.9664	0.9671	0.9678	0.9686	0.9693	0.9699	0.9706
1.9	0.9713	0.9719	0.9726	0.9732	0.9738	0.9744	0.9750	0.9756	0.9761	0.9767
2	0.9772	0.9778	0.9783	0.9788	0.9793	0.9798	0.9803	0.9808	0.9812	0.9817
2.1	0.9821	0.9826	0.9830	0.9834	0.9838	0.9842	0.9846	0.9850	0.9854	0.9857
2.2	0.9861	0.9864	0.9868	0.9871	0.9875	0.9878	0.9881	0.9884	0.9887	0.9890
2.3	0.9893	0.9896	0.9898	0.9901	0.9904	0.9906	0.9909	0.9911	0.9913	0.9916
2.4	0.9918	0.9920	0.9922	0.9925	0.9927	0.9929	0.9931	0.9932	0.9934	0.9936
2.5	0.9938	0.9940	0.9941	0.9943	0.9945	0.9946	0.9948	0.9949	0.9951	0.9952
2.6	0.9953	0.9955	0.9956	0.9957	0.9959	0.9960	0.9961	0.9962	0.9963	0.9964
2.7	0.9965	0.9966	0.9967	0.9968	0.9969	0.9970	0.9971	0.9972	0.9973	0.9974
2.8	0.9974	0.9975	0.9976	0.9977	0.9977	0.9978	0.9979	0.9979	0.9980	0.9981
2.9	0.9981	0.9982	0.9982	0.9983	0.9984	0.9984	0.9985	0.9985	0.9986	0.9986
3	0.9987	0.9987	0.9987	0.9988	0.9988	0.9989	0.9989	0.9989	0.9990	0.9990

我們能透過縱軸與橫軸的組合，查出 z 值的涵蓋範圍大小。比方說，當縱軸為 1.1、橫軸為 0.02，也就是 z＝1.12 時，其範圍便是 0.8686，代表約占了全體範圍的 86.7%。換句話說，我們也能將這個結果看作是前 13.3%。只要運用本表，就能查出位於前 10% 的偏差值是多少。位於前 10% 就代表要從表中找出最接近 0.9 的數字，進而找出 z＝1.28。由於偏差值的算法是 N(50,100)，透過計算 50＋10×1.28＝62.8，便能得知當某人的偏差值為 62.8 時，就代表其排名位於前 10%。

大數法則

　　我們常聽到「由於數據數量太少，因此結論並不可信」。這種主張是基於數據愈多估計便會愈正確的想法，而用正式的理論說明這種主張的，就是本節所要解說的**大數法則**。

　　我們假設 $X_1, X_2, \cdots, X_n$ 是從母體平均數為 μ、母體變異數為 σ^2 抽選出的大小為 n 的隨機樣本。我們想要透過樣本平均數 M 來估計母體平均數 μ。此時，由於 $M-\mu$ 的絕對值便是估計誤差（第 12 節第 5 章），因此，

$$|M-\mu| \leqq a$$

一式所代表的意思便是「估計誤差在 a 以下」。而大數法則便是無論將 a 的數值選為多少（就算將其訂為 $a = 0.00001$ 等極小的數值也一樣），只要數據個數夠龐大，{ 估計誤差在 a 以下 } 這項事件的機率就會無限接近 1，也就是說，這項定理的意思就是：

$$P(|M-\mu| \leqq a) \to 1(n \to \infty)$$

當上式成立時，我們也能宣稱 M 會**機率收斂**至 μ。

　　大數法則告訴我們，當數據個數有無窮多個時，就會呈現出數學上的極限。由於在實際情形的應用中，數據個數會是有限個，因此這項法則不會直接成立，但當我們認定數據個數夠大時，就相當於接近大數法則的情況。因此在這樣的情況下，我們也可以假設 $M \fallingdotseq \mu$ 並進行分析。

　　由於相關證明艱澀難懂，本書不會提及，但請各位記住樣本變異數 s^2 會機率收斂至母體變異數 σ^2。因此，當數據個數夠龐大時，我們也可以將 $s^2 \fallingdotseq \sigma^2$ 視為成立。

數據個數愈大愈正確

若是 $X_1, X_2, \cdots, X_n$ 從屬於 $N(\mu, \sigma^2)$，則 M 的分布便會是 $N(\mu, \frac{\sigma^2}{n})$。

比方說，$\mu = 0$、$\sigma^2 = 1$、$n = 10, 20, 50$ 的圖表形態便會如同下圖。我們可以得知，當 n 的數值愈大，數據就會愈集中於 0 的周遭。

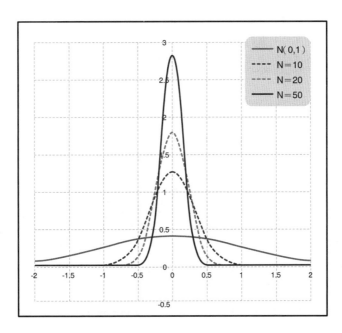

母群體比率的估計：
白努利分布中的隨機樣本

　　我們將在本節與下一節推導市長支持率與電視節目收視率等**用比率來呈現的母數**的信賴區間。爲此，我們必須定義**白努利分布**這項機率分布。白努利分布指的是二項分布之中的特別情況：在只投擲 1 次出現正面機率爲 p 的硬幣時，觀察出現的是正面 (= 1) 或反面 (= 0) 的機率分布。也就是說，該分布會呈現爲：

x	0	1
$P(X=x)$	$1-p$	p

只要得知的數值，就能決定這項分布的型態，因此我們能用 $Ber(p)$ 的記號來記述（$Ber(p) = B(1, p)$）。Ber 是 Bernoulli 的縮寫。我們可以輕易計算出白努利分布的平均數 μ 與變異數 σ^2，它們分別是：

$$\mu = p, \ \sigma^2 = p(1-p)$$

舉例來說，我們可以運用 $\mu = 0 \times (1-p) + 1 \times p = p$ 的方式來計算出平均數。

　　假設我們想估計某市的市長支持率爲。只要我們抽選出 1 名選民，並詢問他是支持（ = 1）或是不支持（ = 0），則該名選民的回答便會從屬於白努利分布 $Ber(p)$。只要我們隨機抽選出 n 名選民，並將它們的回答設爲 $X_1, \cdots, X_n$，這筆數據就能被視爲將白努利分布 $Ber(p)$ 設爲母群體的大小爲 n 的隨機樣本。由於此處的 $X_1 + X_2 + \cdots + X_n$ 便相當於回答支持的人數，因此樣本平均數 $X_1 + X_2 + \cdots + X_n/n$ 所呈現的數值，就會是抽選出的 n 人中的市長支持率。

　　另外，母群體的母體平均數 $\mu = p$ 便是對應到所有選民之中的市長支持率。又稱作**母群體比率**。

白努利分布

投擲 1 次出現正面的機率為
p 的硬幣時，觀察結果為正
面或反面的機率分布

↓

白努利分布

由於我們要估計的是市長支持
率，因此被抽選出的 1 名選民的
回答將從屬於白努利分布

支持→硬幣正面
不支持→硬幣反面
1 名選民→投擲 1 次硬幣

母群體比率的估計：
點估計與信賴區間

由於母群體比率是白努利分布的母體平均數，因此也適用於第 12 章第 4 節的定理 1。也就是說，我們可以得知樣本平均數 M（樣本中的支持率）就是母群體比率 p 的無偏估計量 $E(M)=p$。

比方說，我們隨機選出 $n=400$ 名選民，若是在 400 人之中有 240 人回答支持，則樣本平均數 M 的數值便會是 0.6，因此我們也會估計母群體比率為 0.6。

當我們認定數據個數 n 夠大時（如上例情形），中央極限定理（第 12 章第 5 節）也就能派上用場。換句話說，我們可以讓樣本平均數 M 的分布近似於常態分布 $N(\mu, \sigma^2/n)$。而在本例的情況中，由於母群體呈現白努利分布，因此 $\mu=p$、$\sigma^2=p(1-p)$ 便會成立，其數值便會近似於 $N(p, p(1-p)/n)$。因此，我們只要用第 12 章第 2 節的方式計算，就能得知

$$P\left(M-1.96\times\sqrt{\frac{p(1-p)}{n}}\leqq p \leqq M+1.96\times\sqrt{\frac{p(1-p)}{n}}\right)=0.95$$

一式會成立。也就是說，我們可以得到有 95% 的機率會涵蓋未知的母群體比率 p 的區間 $M\pm1.96\times\sqrt{p(1-p)/n}$。但是遺憾的是，這個區間並不是 p 的信賴區間（這是因為這個區間相依於未知的 p）。但是，由於本例中的 n 夠大，根據大數法則，我們可以將 $M\fallingdotseq p$（樣本平均數 $\fallingdotseq$ 母體平均數）視為成立。因此，我們可以用 M 來置換區間中未知的 p，將

$$M-1.96\times\sqrt{\frac{M(1-M)}{n}}\leqq p \leqq M+1.96\times\sqrt{\frac{M(1-M)}{n}}\cdots\cdots(1)$$

當作是**信賴係數為 95% 的 p 的**（近似）**信賴區間**。當信賴係數為 90% 時，我們會將 1.96 置換為 1.64。

樣本平均數與母群體比率

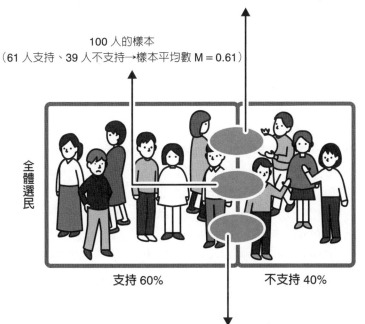

100 人的樣本
（64 人支持、36 人不支持→樣本平均數 M = 0.64）

100 人的樣本
（61 人支持、39 人不支持→樣本平均數 M = 0.61）

全體選民

支持 60%　　　　　　不支持 40%

100 人的樣本
（55 人支持、45 人不支持→樣本平均數 M = 0.55）

14

估計 2

樣本平均數 M 的數值大約會座落於 60% 附近。
精確地說，我們會將其記述為：
$E\{M\} = 0.6$
E(樣本平均數) = 母群體比率

數值例

　　爲了調查某市市長支持率 p，我們隨機抽選出 $n = 400$ 名選民，若是在 400 人之中有 240 人回答支持，則樣本平均數 M 的數值便會是 0.6，因此我們會將 p 估計爲 0.6。

　　另外，如同上一節 (1) 式，信賴係數爲 95% 的信賴區間會是：

$$0.6 - 1.96 \times \sqrt{\frac{0.6(1-0.6)}{400}} \leq p \leq 0.6 + 1.96 \times \sqrt{\frac{0.6(1-0.6)}{400}}$$

因此只要計算上式，便能得到 $0.552 \leq p \leq 0.648$（在 55.2% 以上且在 64.8% 以下）的區間。當我們把信賴係數設爲 90% 時，就會將 1.96 置換爲 1.64，並得到 $0.560 \leq p \leq 0.640$ 的區間。

　　讓我們再舉一例，用電視節目的案例來思考收視率的估計問題。假設我們隨機抽選 $n = 900$ 戶家庭，並得知其中有 135 戶收看該節目。在這個情況，樣本平均數的數值便會是 $135/900 = 0.15$。因此，我們會將收視率估計爲 15%。

　　讓我們來計算信賴係數爲 99% 的信賴區間。在這個情況下，我們會將上一節的 (1) 式中的 1.96 置換爲標準常態分布之中雙尾 1% 點的數值 2.58：

$$M - 2.58 \times \sqrt{\frac{M(1-M)}{n}} \leq p \leq M + 2.58 \times \sqrt{\frac{M(1-M)}{n}}$$

接著再代入 $M = 0.15$ 與 $n = 900$：

$$0.15 - 2.58 \times \sqrt{\frac{0.15(1-0.15)}{900}} \leq p \leq 0.15 + 2.58 \times \sqrt{\frac{0.15(1-0.15)}{900}}$$

也就是說，我們會得到 $0.119 \leq p \leq 0.181$（（在 11.9% 以上且在 18.1% 以下）的區間。

數值例其 2

如同左頁所述，市長的支持率 p 的信賴係數為 95% 的信賴區間是 0.552 ≦ p ≦ 0.648。這個區間的範圍是 0.648－0.552 = 0.096 ≒ 0.1，因此所占的點大約有 10%。那麼，若是希望將信賴區間的點設為 5% 以下，究竟需要多少數據個數呢？

根據左頁，其信賴區間為

$$0.6-1.96\times\sqrt{\frac{0.6\times(1-0.6)}{n}}\leq P\leq 0.6+1.96\times\sqrt{\frac{0.6\times(1-0.6)}{n}}$$

因此讓我們用右尾減去左尾，其範圍就會變為：

$$\left(0.6+1.96\times\sqrt{\frac{0.6\times(1-0.6)}{n}}\right)-\left(0.6-1.96\times\sqrt{\frac{0.6\times(1-0.6)}{n}}\right)=2\times1.96\times\sqrt{\frac{0.6\times(1-0.6)}{n}}$$

因此，我們只需求出 $2\times1.96\times\sqrt{\frac{0.6\times(1-0.6)}{n}}\leq0.05$ 中的 n 值即可。

將不等式的兩端開平方並經過整理後，便能得到

$n\geq\frac{(2\times1.96)^2\times0.6(1-0.6)}{(0.05)^2}\doteqdot1475.2$，進而得知需要 1476 人以上。

讓我們用更嚴謹的方式來討論。回到上一節最初的式子，區間範圍是：

$$\left(M+1.96\times\sqrt{\frac{p(1-p)}{n}}\right)-\left(M-1.96\times\sqrt{\frac{p(1-p)}{n}}\right)=2\times1.96\times\sqrt{\frac{p(1-p)}{n}}\ ,$$

因此只需求出 $2\times1.96\times\sqrt{\frac{p(1-p)}{n}}\leq0.05$ 中的 n 值即可。與先前不同的是，這裡存在著末知的 p。由於 p(1－p) 的最大值是 1/4（當 p = 1/2 時），因此我們只要將 p(1－p) 置換為 1/4 求 n，便能得到 $n\geq\frac{(2\times1.96)^2\times(1/4)}{(0.05)^2}\doteqdot1536.6$，

進而得知需要 1537 人以上。

最大概似估計法

　　所謂的**最大概似估計法**，就是求取數據產生的機率，並估計出能讓該機率最大化的母數估計值的估計法。我們將透過下面的簡單案例進行解說。

　　讓我們來思考硬幣出現正面機率的估計問題。我們假設投擲 10 次硬幣，得到 (0,1,1,0,1,1,1,1,0,1) 的結果（正面為 1，反面為 0）。由於此時樣本平均數 $M = (0+1+\cdots+1)/10 = 0.7$，因此我們會將 p 估計為 0.7。

　　相對的，最大概似估計法則是會利用上述數據出現的機率來推導出估計值。利用與第 10 章第 1 節相同的計算方式，便能得知獲得上述數據的機率為 $p^7(1-p)^3$。先讓我們簡化問題內容，來思考在 0.5 與 0.6 這兩個數值之中，何者比較適合當成是 p 的估計值。若是選擇 $p = 0.5$，則 $p^7(1-p)^3$ 的機率便會是 0.000977；若是選擇 $p = 0.6$，則 $p^7(1-p)^3$ 的機率便會是 0.001792(>0.000977)。可以想見，在 $p = 0.5$ 的情況下，上述數列發生的機率為 0.000977；在 $p = 0.6$，則表示發生的機率為 0.001792。若是將上述數據想作「因機率較大（較容易發生）的事情發生而產生的結果」，則估計 $p = 0.6$ 會比較自然吧。若是能接受上述想法，則我們便能導出結論，即能讓 $p^7(1-p)^3$ 的數值最大化的 p，就會是最佳的估計值。此處將省略計算，但透過微分便能得知該估計值為 $p = 0.7$。用這種方式進行估計的方法，稱作最大概似估計法。

　　在實際分析時，有時我們使用的機率模型會更加複雜，有時更會發生其中涵蓋的母數功用不明（既非母體平均數也不是母體變異數）等狀況。而最大概似估計法也能在這些情況下派上用場。

卜瓦松分布 Po(α) 中的平均數 α 的最大概似估計量便是樣本平均數 M。

另外，常態分布 N(μ, σ^2) 的平均數 μ 與變異數 σ^2 的最大概似估計量分別是它們的樣本平均數 M 與樣本變異數 S^2（但是需要除以 n）。

虛無假設與對立假設

　　所謂的統計假設檢定，就是當母群體有兩種可能性（假設）時，利用數據資料來選擇其中一方的二擇一決定方式。讓我們透過範例，來解說相關的基本原則。

　　我們假設有間生產某種製品的工廠，該製品的壽命平均爲 1500 小時。而最近製造方法有所變更，我們則希望得知這是否會對製品的壽命造成影響。假設變更前與變更後的製品壽命都是呈常態分布，標準差則都是 120 小時。若將變更後的壽命設爲小時，則變更後的製品壽命便會是常態分布 $N(\mu, (120)^2)$。

　　在這裡，我們所關注的是與 μ 相關的下列 2 項假設中的何者正確。

　　　$H_0 : \mu = 1500$（無影響）vs. $H_1 : \mu \neq 1500$（有影響）

H_0 是扮演檢驗基準角色的假設，稱作**虛無假設**。H_1 則是當 H_0 被拒絕時接受的假設，稱作**對立假設**。我們所做的決定，就是從下列 2 個選項之中，

　　「拒絕 H_0」、「接受 H_0」

選出其中一方。而根據樣本數值來進行這項選擇的行爲，稱作**統計假設檢定**。有時我們也會簡稱爲**檢定**。而檢定的具體方法稱作**檢定方式**。

　　在檢定的理論之中，2 個假設並非處於對等的立場。我們會以虛無假設 H_0 爲基準。因此，我們所做的決定也會記述爲「如何處理 H_0（拒絕還是接受）」。

能宣稱壽命延長了嗎？

變更前後的壽命分布

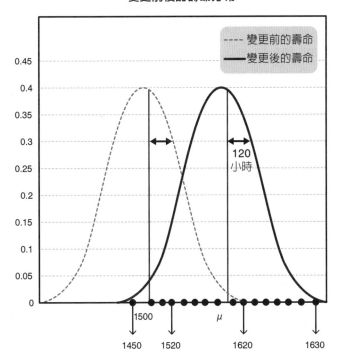

從用新的製造方法生產的製品之中挑選出 16 個樣本，並觀察其平均數：

$$M = \frac{1}{16}\{1450+1520+1620+\cdots+1630\}=\mathbf{1590}$$

壽命延長了嗎？

檢定方式

　　我們將在本節說明**檢定方式**。假設我們從變更製造方法後生產的製品之中隨機抽選出個（令 $n = 16$），並測量其壽命 $X_1, X_2, \cdots, X_n$。我們可以將它們看作是從常態分布 $N(\mu, (120)^2)$ 之中抽選出的隨機樣本。檢定內容則是用樣本平均數 $M = (X_1 + X_2 + \cdots + X_n)/n$ 與 1500 進行比較。具體來說，我們會設定判斷基準數值 c，設

$$\begin{cases} |Z| > c \Rightarrow \text{拒絕 } H_0 \\ |Z| \leq c \Rightarrow \text{接受 } H_0 \end{cases}, \text{此處 } Z = \frac{M - 1500}{\sqrt{(120)^2/n}} = \frac{M - 1500}{30} \quad (1)$$

也就是說，當 Z 的絕對值超過 c 的數值時，我們就得到了變更製造方法會對壽命造成影響的結論。之後，我們會將 c 稱作**臨界值**。請容我將臨界值 c 的決定方式延至下一節介紹，現在先讓我來說明 Z 代表的意思。Z 的分子是樣本平均數 M 減去 1500，因此這代表著製造方法變更前後的壽命差異。那麼，分母的意義又是什麼呢？請回想起 M 從屬於 $N(\mu, (120)^2/n) = N(\mu, (30)^2)$（第 12 章第 5 節定理 2）。各位應該注意到，Z 的分母就是 M 的標準差了吧。也就是說，Z 的意思就是「**M 與 1500 相差了幾個標準差的距離**」。若是差了 2 個距離，我們就能宣稱兩者離得相當遠（即變更前後的壽命差異相當大）。

　　假設我們計算 16 個樣本的樣本平均數 M，得知 M 的數值為 1590。則 $M - 1500 = 1590 - 1500 = 90$ 小時。由於標準差是 30 小時，這個差距就相當於 3 個標準差（也就是 $Z = 3$），可見兩者離得夠遠。也就是說，這個差異多到可以視為對製品壽命有影響的證據（**顯著差異**）。

壽命延長了

$$1590 - 1500 = 90$$

平均數 M　　原先壽命

90 這項差是能宣稱壽命延長的數字嗎？
由於 M 從屬於 $N(\mu, (30)^2)$，我們便能得到：

$$\frac{1590 - 1500}{30} = \frac{90}{30} = 3$$

也就是它偏離了 3 個標準差的距離。
可見這項數字足以讓我們宣稱壽命延長了。

顯著水準

　　在針對的數值進行檢定時，我們可能會犯下 2 種類型的錯誤。而這 2 種錯誤內容如下：

　　第一類型錯誤：當 H_0 正確時，拒絕 H_0 的錯誤
　　第二類型錯誤：當 H_1 正確時，接受 H_0 的錯誤

　　由於我們並不想犯下上述錯誤，因此會想同時降低上述兩者發生的機率，但這是辦不到的。在進行檢定時，我們會重視第一類型錯誤，**犯下第一類型錯誤的機率也是能由分析者來自行設定**。具體來說，我們會先事前決定第一類型錯誤發生機率的允許值 α（此處設 $\alpha = 5\%$），就能得到：

　　第一類型錯誤發生的機率 $= \alpha$

這裡的 α 稱作**顯著水準**。

　　只要決定顯著水準 α，便能確定臨界值 c。比方說，若是 $\alpha = 5\%$，則 $c = 1.96$。理由則是如同下述說明。首先，我們先假定虛無假設 H_0 正確（也就是 $\mu = 1500$）。此時所謂的犯下第一類型錯誤，就相當於 $|Z| > c$ 成立的情況，因此我們只要決定出能讓 $P(|Z| > c) = 0.05$ 一式成立的 c 即可。由於當虛無假設正確時，M 的機率分布便會是 $N(1500, (30)^2)$（請注意 μ 的數值已變為 1500），因此其標準化數值 $(M - 1500)/30$ 將從屬於標準常態分布 $N(0, 1)$。只要仔細觀察，就能得知本式與與 Z 相同。因此，Z 也從屬於 $N(0, 1)$。由此可見，能讓 $P(|Z| > c) = 0.05$ 成立的 c 便是 1.96。

　　我們也能藉此得知，當顯著水準 $\alpha = 5\%$ 時，只要在 $|Z| > 1.96$ 的情況下就可以拒絕虛無假設。因此，我們得以拒絕虛無假設，宣稱製造方法的變更會影響到製品壽命。

2 種類型的錯誤

	拒絕 H_0	接受 H_1
虛無假設 H_0 是正確的	第一類型錯誤	正確決定
對立假設 H_1 是正確的	正確決定	第二類型錯誤

例
若 H_0 為無罪、H_1 為有罪：

第一類型錯誤就是將無罪判定為有罪的錯誤（冤罪）
第二類型錯誤就是將有罪判定為無罪的錯誤（錯放犯人）

在本例之中，
· 第一類型錯誤：儘管產品壽命沒有變化，卻做出有變化的判斷
· 第二類型錯誤：儘管產品壽命有變化，卻做出沒有變化的判斷

t 檢定

上一節討論的檢定稱作 **z 檢定**。而 z 檢定的公式記述形式如下（本節將顯著水準定為 $\alpha = 5\%$）：

z 檢定：設 $X_1, X_2, \cdots, X_n$ 是從**母體變異數為已知**的常態分布 $N(\mu, \sigma^2)$ 之中選出的隨機樣本。在這個情況下，

$$H_0 : \mu = \mu_0 \text{ vs. } H_1 : \mu \neq \mu_0$$

的顯著水準 5% 的檢定為：

$$\begin{cases} |Z| > 1.96 \Rightarrow 拒絕\ H_0 \\ |Z| \leq 1.96 \Rightarrow 接受\ H_0 \end{cases}，此處\ Z = \frac{M - \mu_0}{\sqrt{\sigma^2/n}} = \frac{\sqrt{n}(M - \mu_0)}{\sigma}$$

當母體變異數 σ^2 為未知時，我們就無法使用上述的 z 檢定。事實上，統計量 Z 之中也涵蓋著未知的 σ^2。在這個情況下，我們必須將 z 檢定的統計量 Z 之中未知的 σ^2 置換為其估計量 s^2，也就是說，我們會使用下式：

$$t = \frac{M - \mu_0}{\sqrt{s^2/n}} = \frac{\sqrt{n}(M - \mu_0)}{s}$$

當虛無假設為真時，這項統計量會從屬於自由度為 $n-1$ 的 t 分布 $t(n-1)$，因此其臨界值會是 $t(n-1)$ 的雙尾 5% 點。只要使用上一節的推導方式，就能得到下列檢定。該檢定稱作 **t 檢定**。

t 檢定：**當母體變異數為未知時**，顯著水準為 5% 的檢定為：

$$\begin{cases} |t| > t_{0.05}^{n-1} \Rightarrow 拒絕\ H_0 \\ |t| \leq t_{0.05}^{n-1} \Rightarrow 接受\ H_0 \end{cases}$$

有時對立假設會以 $H_1 : \mu > \mu_0$ 或 $H_1 : \mu < \mu_0$ 的形式呈現。這稱作**單尾假設**。相對地，$H_1 : \mu \neq \mu_0$ 稱作**雙尾假設**，而對應它們的檢定分別稱作**單尾檢定**與**雙尾檢定**。我們將在下一節進行單尾檢定的演練。

已知母體變異數 σ^2 的情況

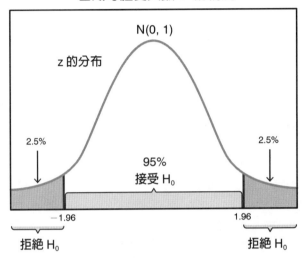

未知母體變異數 σ^2 的情況

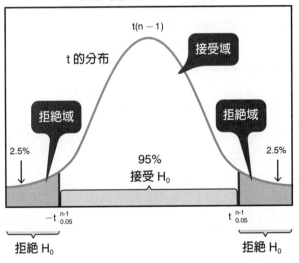

▶ 05

母群體比率的檢定

讓我們用某市市長支持率的案例進行討論。我們假設直到去年為止，市長的支持率一直都是 40%，但由於刪減公費支出等政績的因素，今年支持率有可能會上升。為了用統計調查來確認這件事，我們隨機抽選了 $n = 400$ 名選民，詢問他們是否支持市長。接下來我們會以支持 = 1、不支持 = 0 的形式記述。若將全體選民的市長支持率設為 p，此處我們關注的便是下述檢定：

$$H_0 : p = 0.4 \text{ vs. } H_1 : p > 0.4$$

接下來，我們設顯著水準為 5%。

如同第 14 章第 2 節中所討論的，我們能將這 400 人的回答看作是從白努利分布 $Ber(p)$ 抽選出的隨機樣本。讓我們設 400 人之中的支持者比例為 M（即樣本平均數）。若是 M 的數值超過 40% 夠多（即 $M - 0.4$ 夠大的話），我們就能將結果視為支持率上升吧。根據中央極限定理，樣本平均數 M 的分布能以平均數為 p，變異數為 $p(1-p)/n$ 的常態分布來呈現。因此，M 的標準差便是 $\sqrt{p(1-p)/n}$，我們便會用 $p = 0.4$ 代入該值，並將該值用於下列檢定分母：

$$\begin{cases} T > 1.64 \Rightarrow \text{拒絕 } H_0 \\ T \leq 1.64 \Rightarrow \text{接受 } H_0 \end{cases} \text{，但 } T = \frac{M - 0.4}{\sqrt{0.4 \times (1 - 0.4)/400}} = \frac{M - 0.4}{0.024} \text{ 必須為真}$$

由於我們將顯著水準設為 5%，此處的臨界值為 1.64（這是因為當虛無假設為真時，T 將從屬於標準常態分布）。比方說，若是在 400 人之中有 180 人回答支持，則的數值便是 0.45(45%)。這個情況下，我們就能得到 $T = (0.45 - 0.4)/0.024 = 2.04$，由於其數值超越臨界值，虛無假設也就會被拒絕。也就是說，我們能宣稱支持率有上升。

設全體選民的支持率為 p

樣本中的支持率

$$M = \frac{180人}{400人} = 0.45(45\%)$$

$$M - 0.4 = 0.45 - 0.4 = 0.05(5\%)$$

這樣的差距是否足夠？

由於 M 是 $N\sqrt{\dfrac{p(1-p)}{n}}$

因此標準差會是 $\left(p, \dfrac{p(1-p)}{n}\right)$

實驗組與對照組

就如同我們會想調查新開發的藥物是否比既有藥物更具效果、升學補習班的特別班是否比普通班更具教育效果，我們往往會關注 2 個群體間是否具有顯著差異。

在藥物的案例之中，最容易想到的方法便是隨機將大鼠分作 2 個群體，透過其中一方投入新藥、另一方則投入舊藥的方式來比較效果。投入新藥的群體稱作**實驗組**，投入舊藥的群體則稱作**對照組**。比方說，假設我們將 10 隻大鼠分至實驗組、將 8 隻大鼠分至對照組，則投藥後兩組的測定值便會相互獨立，呈現下列分布：

實驗組：$N(\mu_1, \sigma^2)$、對照組：$N(\mu_2, \sigma^2)$

若是愈具藥效測定值就愈會呈現上升趨勢，則分析者所關注的假設檢定問題就能記述為：

$H_0：\mu_1 = \mu_2$（無更大藥效）vs. $H_1：\mu_1 > \mu_2$（具更大藥效）

像這樣進行 2 個母群體的比較問題稱作**雙樣本問題**（本章第 2 節）。雙樣本問題具有各式各樣的型態，討論的範疇也是形形色色。

比方說，上述問題是將 2 個群體的分布（只有平均數不同）設為常態分布，但有時我們所測定的變量無法假定為常態分布（本章第 4 節）。另外，雖然我們能隨機將大鼠分為 2 個群體，但無法實際為人類患者進行隨機分組。這點在升學補習班的案例中也是一樣的。另外，由於會選擇特別班的學生本來就會包含許多學習欲強烈的人，就算他們的成績比普通班還要好，我們也無法就這樣單純比較，宣稱這全是因為教育的效果（本章第 5 節）。

針對 2 個母群體進行比較

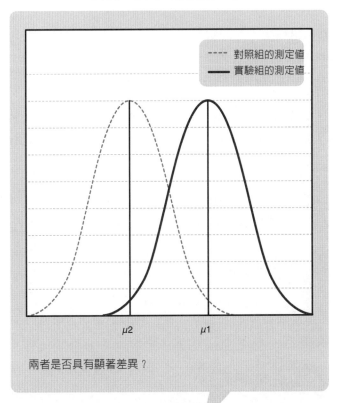

---- 對照組的測定值
—— 實驗組的測定值

μ2   μ1

兩者是否具有顯著差異？

▶ 02

雙樣本 t 檢定

　　我們將繼續沿用上一節的新藥效果例子。首先這裡將介紹 1 項與常態分布有關的公式：「設 X 與 Y 相互獨立，並分別從屬於常態分布 $N(\mu_1, \sigma_1^2)$ 與 $N(\mu_2, \sigma_2^2)$。在這個情況下，$X \pm Y$ 便會從屬於常態分布 $N(\mu_1 \pm \mu_2, \sigma_1^2 \pm \sigma_2^2)$。」

　　接下來，讓我們設實驗組的大 $n_1 = 10$ 鼠隻的樣本平均數為 M_1、對照組的大鼠 $n_2 = 8$ 隻的樣本平均數為 M_2，並關注於兩組相減後的數值 $M_1 - M_2$。只要這個數值夠大，我們應該就能宣稱新藥更具藥效（$\mu_1 - \mu_2 > 0$）。

　　由於 M_1 的分布為 $N(\mu_1, \sigma^2/10)$、M_2 的分布為 $N(\mu_2, \sigma^2/8)$（請參考第 12 章第 5 節），因此我們能根據上述公式得知 $M_1 - M_2$ 將會從屬於下列分布：

$$N\left(\mu_1 - \mu_2, \ \sigma^2\left(\frac{1}{10} + \frac{1}{8}\right)\right)$$

因此，若是母體變異數 σ^2 為已知，當下列的數值夠大時就能拒絕虛無假設：

$$T = (M_1 - M_2)/\sqrt{\sigma^2(1/10 + 1/8)}$$

例如當顯著水準為 5% 時，只要 $T > 1.64$ 便便能拒絕虛無假設（這是因為當虛無假設為真（$\mu_1 - \mu_2 = 0$）時，T 便會從屬於標準常態分布）。

　　當 σ^2 是未知的情況下，我們會將原式中的 σ^2 置換為其估計量 s^2。一般而言，s^2 所使用的值會是 $s^2 = \dfrac{1}{10+8-2}[(10-1)s_1^2 + (8-1)s_2^2]$（實驗組與對照組的樣本變異數 s_1^2 與 s_2^2 的加權平均數）。如此一來，我們得到的 T 便會從屬於自由度為 $n_1 + n_2 - 2 = 10 + 8 - 2 = 16$ 的 t 分布。因此，當 $T > t_{0.1}^{16} = 1.75$ 時就能拒絕虛無假設。而這項檢定稱作**雙樣本 t 檢定**。

實驗組與對照組

設實驗組的測定值 $X_1, X_2, \cdots, X_n$ 獨立從屬於 $N(\mu_1, \sigma^2)$ ，
對照組的測定值 $Y_1, Y_2, \cdots, Y_m$ 獨立從屬於 $N(\mu_2, \sigma^2)$ ，
並假設所有測定值互相獨立。
此時，

$$M_1 = \frac{X_1 + X_2 + \cdots\cdots + X_n}{n} \text{ 會從屬於} N\left(\mu_1, \frac{\sigma^2}{n}\right) \text{。}$$

$$M_2 = \frac{Y_1 + Y_2 + \cdots\cdots + Y_m}{m} \text{ 會從屬於} N\left(\mu_2, \frac{\sigma^2}{m}\right) \text{。}$$

因此，我們可以從左頁公式得知，

$$M_1 - M_2 \text{ 會從屬於} N\left\{\mu_1 - \mu_2, \sigma^2\left(\frac{1}{n} + \frac{1}{m}\right)\right\} \text{。}$$

16

兩群體間的比較

互有關聯的數據

在調查藥效時，有些研究不會像上一節一樣將受試者或大鼠分成 2 組，而是測定各個受試者投藥前後的情況，並調查前後測定值的差異。在這個情況，乍看之下我們只要將投藥後的測定值視爲實驗組、將投藥前的測定值視爲對照組，就能套用上一節的雙樣本問題解法，但事實上這類研究並不在上一節的討論範圍內。在上一節的討論中有個極爲重要的條件，那就是實驗組與對照組的測定值必須**全部相互獨立**。這是因爲上一節用於求出 2 組樣本平均數差異的分布的公式，就是以具有獨立性爲前提。然而，這項研究的實驗組與對照組都是來自於相同的受試者，因此 2 組並不會相互獨立。也因此，我們不能使用上一節的方法。

我們假設 n 隻大鼠投藥前的測定值爲 $X_1, X_2, \cdots, X_n$，投藥後的測定值爲 $Y_1, Y_2, \cdots, Y_n$。雖然不同大鼠之間的測定值會相互獨立，但同一隻大鼠的測定值則不會相互獨立。如 X_1 與 X_2 之間雖然會相互獨立，但 X_1 與 Y_1 之間就不會相互獨立。

在這個情況下，我們會將下列投藥前後的差異設爲觀察對象：

$$Z_i = X_i - Y_i \quad (i = 1, 2, \cdots, \text{n})$$

由於 $Z_1, \cdots, Z_n$ 是不同大鼠的測定值，因此它們會相互獨立。因此，我們能將 $Z_1, \cdots, Z_n$ 看作是從常態分布之中選出的隨機樣本。只要將它的母體平均數設爲 μ，就能得到 $\mu = \mu_1 - \mu_2$，只要針對下方假設進行檢定：

$$H_0 : \mu = 0 \text{（無藥效）vs. } H_1 : \mu > 0 \text{（具藥效），}$$

就能針對有無藥效進行調查。接下來便能直接使用 t 檢定，因此我們就不再贅述。

測定值的獨立性

	大鼠 1	大鼠 2	大鼠 n
投藥前	X_1	X_2	X_n
投藥後	Y_1	Y_2	Y_n

並非獨立　並非獨立　並非獨立

獨立　　獨立

獨立

$$Z_i = X_i - Y_i = 投藥前 - 投藥後\ (i = 1, 2, \cdots, n)$$

16

兩群體間的比較

成對的干預前後數值 $(X_1, Y_1), \cdots, (X_n, Y_n)$ 稱作相依樣本。

Wilcoxon 等級和檢定

　　上一章與本章介紹的 t 檢定，是適合用於母群體為常態分布情形的實用檢定。但是，實際在分析數據時，有時母群體為常態分布的這項前提會無法成立。因此，我們必須使用適用於任何母群體分布的檢定。

　　我們假設某一大學的體操社新生是由一般入學進來的 6 名選手與透過體育推薦進來的 8 名選手所組成，他們的體能測定值如同右頁表 1。我們分別用與來呈現一般入學與體育推薦的選手的母群體，結果呈現圖 1 這種 **G 較 F 向右偏移 δ 個距離**的結果（G 容易產生較大的數值）。我們能藉此得知**體能測驗的分布並非常態分布**。此處我們所關注的，是 $H_0 : \delta = 0$（兩組之間不具差異）vs. $H_1 : \delta > 0$（推薦選手較為優秀）的檢定。這裡要介紹的是 Wilcoxon **等級和檢定**這項方法。首先我們會先為 2 組中的 14 項測定值依照遞增次序進行次序排列（右頁表 2）。接下來，我們會計算第 II 組（體育推薦）的測定值排序的和：

$$W = R_7 + R_8 + \cdots + R_{14} = 8 + 6 + 12 + 9 + 5 + 11 + 13 + 10 = 74$$

如果體育推薦的組別實際上比較優秀，則他們的次序就會較大，W 的數值也會較大吧。因此，當 W 超過臨界值 c 時，我們就能拒絕虛無假設 H_0，利用這種方式進行檢定。由於 W 的分布相當複雜，各位可以利用右頁節錄的數學用表進行檢定。當顯著水準 $\alpha = 5\%$ 時，就能得到 $c = 59$，因此我們可以得到 $W > c$，進而拒絕虛無假設。

表 1	
I（一般入學）	II（體育推薦）
40	51
37	45
22	60
50	52
30	41
69	55
	65
	53

平均數	
I（一般入學）	41.3
II（體育推薦）	52.8

光從平均數來看，推薦入學的選手似乎比較優秀，但由於體能測驗的分布未必呈現常態分布，因此我們無法用 t 檢定來確認兩群體之間是否具有顯著差異。

表 2			
I（一般入學）	排序 R_i	II（體育推薦）	排序 R_i
40	4	51	8
37	3	45	6
22	1	60	12
50	7	52	9
30	2	41	5
69	14	55	11
		65	13
		53	10

數學用表				
n\m	6	7	8	9	10
6	50				
7	55	66			
8	59	71	85		
9	63	76	90	105	
10	67	81	96	111	128

圖 1

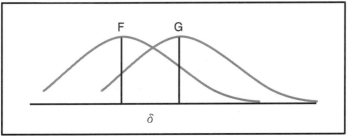

G 是較 F 向右偏移 δ 個距離的分布

16

兩群體間的比較

因果推論

　　某種**干預**（醫學治療、教育課程或職業訓練等等）對**結果變數**（健康狀態、成績或工資）帶來的效果稱作**因果效應**，而透過數據對此進行推論的方法則稱作**統計因果推論**。

　　比方說，假設我們想得知新開設的英語會話課程的效果。假設這世上存在著 2 個完全一模一樣的人，而我們只讓其中 1 人上課，並比較這 2 個人的英語會話成績差異，就能釐清課程的效果。然而，這是不可能辦到的。但是，我們可以進一步利用這項違背事實的假想，假定所有個體都具有去上課的成績 X 與未去上課的成績 Y 的雙方數據 (X, Y)，並依照個體實際是否上課的情形，假定我們只觀察到 X 或 Y 的其中一項結果。我們只要將上述內容記述爲 $E(X) - E(Y) = \Delta$ 一式，就能呈現上課的效果。這代表我們只要能估計出 Δ 的數值即可。

　　有一項估計法是將 n 名調查對象分作有去上課與沒去上課的群組，並計算各群組平均數的差。若是我們有辦法透過骰子等隨機方式決定對象是否有去上課，那麼這種方法便能進行公正的估計。然而，在大多數的情況，每個人都是依照自己的意願選擇是否要去上課的。在這樣的情況下，這種估計法就會產生偏誤。這是因爲，與不去上課的人相比，決定要去上課的人本來就對英語會話與考試具有熱忱。因此無論課程是否具有效果，大致上去上課的人的成績平均數應該會比 $E(X)$ 還要高，沒去上課的人的成績平均數應該會比 $E(Y)$ 還要低。但是，在「**強忽略性假定**」的情況下，就有辦法緩和這種偏誤。

什麼是「強忽略性假定」？
（Strongly ignorable）

$$Z = \begin{cases} 1 \text{（接受英語會話課程）} \\ 2 \text{（未接受英語會話課程）} \end{cases}$$

$(X, Y) = 成績$

只要利用適當的共變量進行調整，如
針對父母學歷、收入進行限制，挑選
類似的觀察對象，則 (X,Y) 與 Z 就會
相互獨立。

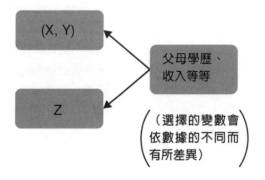

16

兩群體間的比較

177

列聯表

　本節將介紹**列聯表**的例子與分類。我們假設某間大學 100 名 1 年級生的英語與統計學成績如同右頁表 1。根據該表，英語爲優且統計學爲優的人有 9 名、兩者皆是不可的人有 4 名。**行的總和**是英語的成績分布，**列的總和**則是統計學的成績分布，**總次數**是全數學生的 100 名。

　一般來說，當我們在觀察各個個體的 2 個質性變量 A 與 B 時，其結果能被統整爲如同右頁表 0 的列聯表。各個單元格的數值 n_{ij} 便是與其組合 $a_i b_j$ 相對應的個體總數（次數）。

　右頁表 2 顯示的是針對 150 名男性、100 名女性詢問在首長選舉投票時最重視的事情所得到的結果。此外，表 3 是某市在 3 個月之中發生的交通事故型態與事故當天的天候。

　雖然表 1、表 2、表 3 都是列聯表，但每項的種類都不同，因此分析的重點也有所相異。這項差異的重點在於，**在觀察開始前數值便已決定的情形與事後才能得知數值的情形截然不同**。比方說，表 1 的總次數中的 100 人是 1 年級生的總數，這點是在觀察測驗成績前就已經確定的數值。相對的，行的總和與列的總和則是沒有觀察成績就無從知曉。另外，表 2 的總次數 250 人也是和表 1 一樣在觀察前就已經決定下來，但行的總和 150 人與列的總和 100 人也是早就知道的數值，這點就和表 1 有所不同。另外，表 3 無論是行的總和與列的總和都是要透過觀察才能得知，就連總次數也無法先確定。在這層意義上，該表是屬於與表 1、表 2 不同種類的列聯表。此外，表 1 與表 3 關注的是 2 個變數的獨立性，而表 2 關注的則是男性與女性結果的共通性。

表 0					
		B			
		b_1	b_2	...	b_ l
A	a_1	n_11	n_12	...	n_1 l	n_1.
	a_2	n_21	n_22	...	n_2 l	n_2.
	...	...	...	...	...	
	a_k	n_k1	n_k2	...	n_k l	n_k.
合計		n_.1	n_.2	...	n_. l	n

表 1					
		統計學			
		優	良	可	不可	合計
英語	優	9	5	3	2	19
	良	8	14	16	4	42
	可	4	5	10	10	29
	不可	1	2	3	4	10
合計		22	26	32	20	100

表 2					
	景氣對策	育兒支援	福利醫療	治安	合計
男性	60	30	45	15	150
女性	30	40	20	10	100

表 3					
		事故型態			
		人車事故	兩車輛相撞	車輛自撞	合計
天氣	晴天	5	5	7	17
	陰天	6	7	8	21
	雨天	12	14	26	52
合計		23	26	41	90

獨立性檢定（1）

　　本節將說明列聯表的 2 項變數的獨立性。假設我們想透過數據得知在右頁的列聯表之中，英語與統計學的關聯性是否夠薄弱、兩者是否互爲獨立。英語與統計學的成績分別以來表示，而優、良、可、不可則是分別以 1, 2, 3, 4 來呈現。我們可以透過行的總和得知英語成績的分布爲：

a	1	2	3	4
$P(A=a)$	0.19	0.42	0.29	0.10

另外，只要觀看列的總和就能得知統計學成績的分布：

b	1	2	3	4
$P(B=b)$	0.22	0.26	0.32	0.20

而 A 與 B 相互獨立，指的便是

　　$P(A=a, B=b)=P(A=a)P(B=b)$　　$(a, b=1, 2, 3, 4)$

一式成立的情形（第 12 章第 1 節）。由於這個緣故，若是兩項科目相互獨立，則舉例來說，英語與統計學都是優的機率爲：

　　$P(A=1, B=1)=P(A=1)P(B=1)=0.19×0.22=0.0418(4.18\%)$

因此我們可以想成在 100 人之中大約有 4.18 人的人數。這個數值稱作**期望次數**。若用一般公式記述，則英語成績爲 a、統計學成績爲 b 的期待次數便會是：

　　期待次數＝總次數 $×P(A=a)P(B=b)$

若是兩科目相互獨立，則期待次數與**觀察次數**（實際觀察的次數）的數值就會相當接近。而「兩科目皆是優」的期待次數是 4.18 人，觀察次數則是 9 人。只要比較各個單元格的數值，就能針對它們進行獨立性的檢定。

英語成績與統計學成績的互聯表					
		統計學			
		優	良	可	不可	合計
英語	優	9	5	3	2	19
	良	8	14	16	4	42
	可	4	5	10	10	29
	不可	1	2	3	4	10
合計		22	26	32	20	100

17

質性資料的分析

```
10 hour
―――――17
Statistics
```
質性資料的分
析

▶ 03

獨立性檢定（2）

　　表 1.2 便是假定兩科目相互獨立下計算而成的期待次數的互聯表。我們可以用它和表 1 進行比較，進行獨立性的檢定。

　　讓我們將 H_0：英語與統計學的成績相互獨立 vs. H_1：並非獨立的假設檢定的顯著水準設為 5%。而這項檢定所使用的統計量 T 為：

$$T = \frac{（觀察次數 - 期待次數）^2}{期待次數}的總和\cdots\cdots(1)$$

若兩者並非獨立，則觀察次數與期待次數的差距就會相當大，而值也會變得相當大。因此當的數值夠大時，我們便會拒絕虛無假設。在本例之中，值便是：

$$T = \frac{(9 - 4.18)^2}{4.18} + \frac{(5 - 4.94)^2}{4.94} + \cdots + \frac{(4 - 2)^2}{2} = 19.45$$

當虛無假設為真時，T 就會（近似性地）從屬於**卡方分布**（我們會在本章第 5 節解說這項分布，請對這項分布沒什麼印象的讀者參考該處）。卡方分布的自由度為（A 的數據個數 -1）×（B 的數據個數 -1）$=(k-1)$ $(l-1)$。本例中的自由度便是 $(4-1)×(4-1)=9$。因此，只要將 c 代入自由度為 $(k-1)(l-1)$ 的卡方分布上方 5% 點，我們就能在 $T>c$ 時拒絕虛無假設 H_0，在 $T \leqq c$ 時接受 H_0。

　　自由度為 9 的卡方分布的上方 5% 點為 16.92。只要用 Excel 的 chisq. inv.rt(0.05, 9) 便能求出。因此，由於 $T=19.45>16.92=c$ 的成立，我們便能拒絕虛無假設，得知英語與統計學的成績並非相互獨立。

表 1					
		統計學			
		優	良	可	不可	合計
英語	優	9	5	3	2	19
	良	8	14	16	4	42
	可	4	5	10	10	29
	不可	1	2	3	4	10
合計		22	26	32	20	100

表 1.2					
		統計學			
		優	良	可	不可	合計
英語	優	4.18	4.94	6.08	3.80	0.19
	良	9.24	10.92	13.44	8.40	0.42
	可	6.38	7.54	9.28	5.80	0.29
	不可	2.20	2.60	3.20	2.00	0.10
合計		0.22	0.26	0.32	0.20	1

▶ 04

比例的同質性檢定

　　表 1 的列聯表所關注的，是男性與女性對首長候選人的期待方向是否有所不同。爲了得知答案，表 1.2 所顯示的就是依照男女別求出各項類別（政策）所占的比例。男性在（景氣對策、育兒支援、福利醫療、治安）之中的比例分別爲（0.4, 0.2, 0.3, 0.1），而女性則是（0.3, 0.4, 0.2, 0.1），可見兩者有所相異。我們則是要調查這項差異究竟是單純的誤差，還是男女之間具有顯著的差異：

　　　H_0：男女在乎的各類政策在比例上相同 vs. H_1：不相同

此處檢定的制定方式與上一節相同，我們會求出當男女的比例相等時的期待次數，並調查它和觀察次數的差距。當我們假定男性與女性比例相等時，就不用再區分男女，可以合併數據求出比例（表 1.3）。由於景氣對策的比例爲 36%，若是不考慮男女差異，我們所期待的會選擇景氣對策的人數，分別是男性的 $150 \times 0.36 = 54$ 人，以及女性的 $100 \times 0.36 = 36$ 人。透過這個方式，我們就能求出期待次度（表 1.4）。

　　檢定統計量則與上一節（(1) 式）一樣：

$$T = \frac{(60-54)^2}{54} + \frac{(30-42)^2}{42} + \cdots + \frac{(10-10)^2}{10} = 12.55$$

當 T 的數值夠大，超過臨界值 c 時，我們就能拒絕虛無假設。而當虛無假設爲眞時的 T 的分布則是與上一節相同的卡方分布（自由度爲 $(k-1)(l-1) = (2-1) \times (4-1) = 3$）。當我們將顯著水準設爲 5% 時，臨界值就會是 $c = 7.81$，我們也能透過 $T = 12.55 > 7.81 = c$，進而拒絕虛無假設，得到男女比例有所差異的結論。

表 1					
	景氣對策	育兒支援	福利醫療	治安	合計
男性	60	30	45	15	150
女性	30	40	20	10	100

表 1.2					
	景氣對策	育兒支援	福利醫療	治安	合計
男性	0.40	0.20	0.30	0.10	1.00
女性	0.30	0.40	0.20	0.10	1.00

表 1.3					
	景氣對策	育兒支援	福利醫療	治安	合計
合併後的次數	90	70	65	25	250
比例	0.36	0.28	0.26	0.10	1.00

表 1.4（期待次數）					
	景氣對策	育兒支援	福利醫療	治安	合計
男性	54	42	39	15	150
女性	36	28	26	10	100

17

質性資料的分析

卡方分布

　卡方分布是一種用來描述樣本變異數的分布，同時也是本章使用的獨立
性檢定中的檢定統計量分布。

　設 $X_1, X_2, \cdots, X_k$ 相互獨立並從屬於相同標準常態分布。此時我們會定義
這些變數的平方和 $X_1^2 + X_2^2 + \cdots + X_k^2$ 的分布為**自由度為 k 的卡方分布**。右
頁便是卡方分布的圖表，其特徵有**不取負值、非左右對稱、峰頂尖端會在
自由度附近、自由度愈大便會愈接近左右對稱**等等。

　如同上述，卡方分布是樣本變異數的分布。正確地說，它符合下列的定
理：

**定理：設 $X_1, X_2, \cdots, X_n$ 是從常態分布 $N(\mu, \sigma^2)$ 之中選出的隨機樣本。
此時只要將樣本變異數設為 s^2，下式便會從屬於自由度為 $n-1$ 的卡方分
布：**

$$\frac{(n-1)s^2}{\sigma^2} = \frac{1}{\sigma^2}\{(X_1 - M)^2 + (X_2 - M)^2 + \cdots + (X_n - M)^2\}$$

而它的平均數會與自由度相等。

　運用上式，我們可以得到：

$$E\left\{\frac{(n-1)s^2}{\sigma^2}\right\} = \frac{n-1}{\sigma^2}E(s)^2 = n-1 \text{ 故得知 } E(s)^2 = \sigma^2 \text{ ，}$$

進而得知樣本變異數便是母體變異數的無偏估計量。

　另外，當本章第 3 節與第 4 節的檢定統計量 T 的數值愈大時，就會無
限接近（收斂）至自由度為 $(k-1)(l-1)$ 的卡方分布。因此，當數據數量
夠大時，我們就能運用卡方分布來求出這些檢定的臨界值。

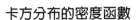

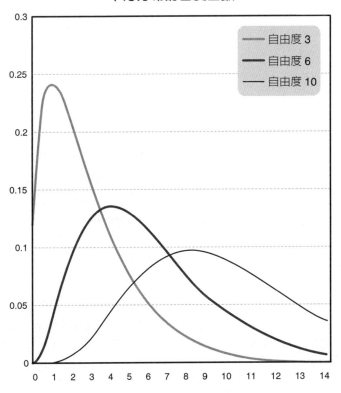

卡方分布的密度函數

迴歸模型

本節將運用機率統計的理論，整理第 6 章第 4 節介紹的迴歸分析。藉此，我們便能進行相關檢定、區間估計與預測。我們將使用第 6 章第 4 節中由消費支出與可支配所得所組成的 1 次函數，來說明這項模型。讓我們用 (x_i, y_i) 呈現第 i 個時間點的數值。讓我們假設下列數據是透過**迴歸模型**而產生的（$n = 15$）：

$$y_i = \alpha + \beta x_i + \varepsilon_i \ (i = 1, 2, \cdots, n) \cdots\cdots(1)$$

此處的 x_i 稱作**自變數**、y_i 稱作**依變數**、ε_i 稱作**誤差項**、α 與 β 稱作**迴歸係數**。我們會假定**誤差項無法被觀察，迴歸係數也是處於未知的狀態**。因此我們無法直接觀察 $y = \alpha + \beta x$，也無法從誤差項進行反項計算得知。能夠觀察的，就只有 n 項數據 (x_i, y_i)。而誤項 ε_i 項則是決定了數據距直線 $y = \alpha + \beta x$ 的偏離程度。在大多數的情況下，迴歸分析都會進行下列假定：

我們假設 $\varepsilon_1, \cdots, \varepsilon_n$ **相互獨立並從屬於相同的常態分布** $N(0, \sigma^2)$，而且**自變數 x_i 並非機率變數**（決定下來的時間點較 y_i 早）。

這項模型最關注的目的，便是估計未知直線 $y = \alpha + \beta x$。其中 1 項自然的估計法，就是將我們在第 6 章第 4 節學過的最小平方方法中的迴歸直線 $y = a + bx$。a 與 b 便是 α 與 β 的**最小平方估計量**。我們將省略證明方式，但請各位記住，在上述假定成立的情形下，**最小平方估計量便是 α 與 β 的無偏估計量**，同時也是它們的最大概似估計量。只要根據這點，我們就能將最小平方估計量運用至估計之中。

表			
年	消費支出 （兆日圓）	可支配所得 （兆日圓）	金融資產 （兆日圓）
1980	171	209	306
1981	175	213	327
1982	183	218	357
1983	188	223	412
1984	193	229	448
1985	199	237	479
1986	207	245	523
1987	216	251	569
1988	228	262	621
1989	238	271	665
1990	248	280	704
1991	254	292	721
1992	257	296	720
1993	262	301	740
1994	265	306	768

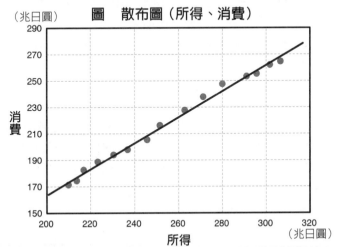

圖　散布圖（所得、消費）

出處：蓑谷千皇彦『計量経済学（第 3 版）』（東洋経済新報社出版）的表 2-1(p. 20) 與表 4-1(p. 94)。千億日圓以下的位數則透過四捨五入進行處理。

迴歸模型的估計與檢定

右頁的表便是透過 Excel 中的「資料分析→迴歸分析」，運用上一節的迴歸模型 (1) 分析數據得到的結果。讓我們依序介紹本表的判讀方式。首先，最小平方估計值將被輸出至表③的**係數**欄位。藉此，我們就能估計出迴歸係數 α, β 分別是 -32.4 與 0.98，得到下列**迴歸直線（迴歸估計式）**：

$$y = -32.4 + 0.98x$$

我們可以藉此得知，當可支配所得增加 1 兆日圓時，平均消費支出便會增加 9800 億日圓。另外，迴歸係數的信賴係數為 95% 的信賴區間將被輸出至表③的**下限 95% 與上限 95%** 欄位，如 β 的信賴區間便是 $0.940 \leqq \beta \leqq 1.027$。在使用 Excel 時，我們可以自行選擇信賴係數的數值。

誤差項 ε_i 的分布則是被假定為 $N(0, \sigma^2)$。因此，只要得知 σ 的數值，便能知道各個 ε_i 的 2σ 個範圍，可見 σ 扮演重要的角色。σ 的估計值將輸出至表①的**標準誤**欄位。我們也能藉此估計 σ 為 2.56 兆日圓。因此，我們能概略估算出誤差項有 95.4% 的機率位於 $0 \pm 2 \times 2.56 = \pm 5.12$（兆日圓）的範圍之中。而 σ^2 的的估計值為 $(2.56)^2 = 6.5536$，該值則是以 6.56 的數值被輸出至表②的**殘差 MS**（即殘差變異數）的欄位。

此外，$H_0 : \beta = 0$ 的虛無假設檢定也是非常重要的。這是因為如果 $\beta = 0$ 為真，則迴歸模型就會變成 $y_i = \alpha + \varepsilon_i$，便與 x_i 無關，結果就會與模型原先「用 x 來說明 y」的意圖產生衝突。若將對立假設設為 $H_1 : \beta \neq 0$，則當表③的 t 欄數值（稱作 t 值）的絕對值超過自由度為 $n-2$ 的 t 分布雙尾 5% 點時，我們就能拒絕歸無假設。

① 摘要輸出	
迴歸統計	
R 的倍數	0.997
R 平方	0.995
調整的 R 平方	0.994
標準誤	2.56
觀察值個數	15

② ANOVA（變異數分析表）					
	自由度	SS	MS	F	顯著值
迴歸	1	15557.7	15557.7	2372.165	4.21E-16
殘差	13	85.3	6.56		
總和	14	15642.9			

③						
	係數	標準誤	T 統計	P- 值	下限 95%	上限 95%
截距	-32.4	5.2	-6.228	3.08E-05	-43.64	-21.16
可支配所得	0.98	0.020	48.705	4.21E-16	0.940	1.027

在現在這個情況中，t 值為 48.705、雙尾 5% 點為 2.160，因此我們可以得知虛無假設會被拒絕，且所得這項變數能夠用於說明消費情形。

複迴歸模型

在進行迴歸分析（第 18 章第 1 節）時，能光靠 1 個說明變數進行分析的情形是極為罕見的。在大多數的情形，我們會用複數個說明變數的資訊來記述 y 的變動。比方說，我們會用下列形式記述說明變數為 k 個的迴歸模型：

$$y_i = \alpha + \beta_1 x_{1i} + \beta_2 x_{2i} + \cdots + \beta_k x_{ki} + \varepsilon_i \quad (i = 1, 2, \cdots, n)$$

我們稱這個模型為**複迴歸模型**（相對的，只有 1 個說明變數的模型稱作**單迴歸模型**）。複迴歸模型大多數的分析步驟都能依照上一節說明的方式來進行。我們想討論的範圍，也就是唯一的不同之處，就只有 t 檢定的**自由度為 $n-k-1$** 這點而已。

右頁的輸出內容，是將說明變數設定為可支配所得 x_1 與金融資產 x_2 的複迴歸模型的計算結果。只要觀察表③的係數欄位，就能得到下列迴歸估計式：

$$y = 13.36 + 0.649x_1 + 0.0711x_2$$

我們可以藉此得知，當可支配所得為固定狀態時，若是只有金融資產增加 1 兆日圓，則平均上來說消費支出便會增加 711 億日圓。我們也能用同樣方式得知各個迴歸係數的信賴區間與進行 t 檢定。

只要將各式各樣的數值代入迴歸估計式中的說明變數，便能得到理論上會與其相對應的 y 值。我們會將代入實際說明變數的數值稱作**預測值（理論值）**。右頁圖中呈現的 3 個折線圖分別是上一節的單迴歸模型與本節的複迴歸模型的預測值，以及實際消費的 y 值。只要觀察本圖表，就能得知單迴歸模型與複迴歸模型都相當接近實際的數值，可說是非常準確。

① 摘要輸出	
迴歸統計	
R 的倍數	0.999
R 平方	0.998
調整的 R 平方	0.997
標準誤	1.69
觀察值個數	15

② ANOVA（變異數分析表）					
	自由度	SS	MS	F	顯著值
迴歸	2	15608.6	7804.3	2729.990	1.11E-16
殘差	12	34.3	2.86		
總和	14	15642.9			

③						
	係數	標準誤	T 統計	P-值	下限 95%	上限 95%
截距	13.36	11.37	1.175	0.262894	-11.42	38.13
可支配所得	0.649	0.080	8.088	3.36E-06	0.474	0.824
金融資產	0.0711	0.0169	4.222	0.001185	0.0344	0.1079

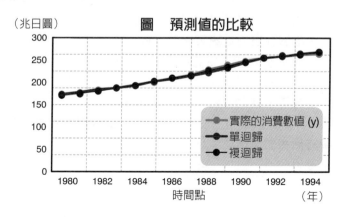

圖　預測值的比較

（兆日圓）

　實際的消費數值 (y)
　單迴歸
　複迴歸

時間點　　　　　　　　（年）

▶ 04

決定係數

　　我們在上一節的後半，透過圖表比較預測值與實際值，藉此比較了各個模型的對應精準度。不過我們還是希望能用數值當作對應精準度的指標，而扮演這項角色的數值便是**決定係數**。爲了簡化相關記號，我們將用單迴歸模型來說明。

　　實際的 y 值與預測值的差稱作**殘差**。殘差愈小（y 值愈接近預測值）就代表對應精準度愈高。我們可以用下列式子來呈現：只要用 a 與 b 來表示 α 與 β 的最小平方估計量，就能將預測值寫作 $p_i = a + bx_i$，而殘差便是 $e_i = y_i - p_i$。只要將此式變形爲

$$y_i = p_i + e_i,$$

y 值就會被分解爲預測值與殘差。只要將等式兩端除以 y 的平均數 M 並計算其平方和，該式就會呈現爲：

$$[(y_i - M)^2 \text{ 的和 }] = [(p_i - M)^2 \text{ 的和 }] + [e_i^2 \text{ 的和 }]$$

該式可以寫爲 $A = B + C$ 的形式，而上述變數都是在零以上的數值。B 與 A 愈相近，就代表對應精準度愈好，因此我們會將 B/A 看作是對應精準度的指標。而這個數值便是**決定係數**，會用 R^2 的記號表示。決定係數會在 $0 \leq R^2 \leq 1$ 的範圍之中，當它愈接近 1 時對應精準度也就愈好。$R^2 = 1$ 就相當於 C = 0，殘差都是爲 0。也就是說這代表數據對應到完美的直線，在意義上完全等價。我們會將 A 稱爲**總變動**，稱 B 爲**迴歸變動**，並稱 C 爲**殘差變動**。**決定係數便是占於總變動之中的迴歸變動比例**，其功用則是呈現出在所有散布於四處的 y 值（總變動）之中，有多少 % 的數據能透過迴歸來詮釋。

① 摘要輸出	
迴歸統計	
R 的倍數	0.997
R 平方	0.995
調整的 R 平方	0.994
標準誤	2.56
觀察值個數	15

② ANOVA（變異數分析表）				
	自由度	SS	MS	F	顯著值
迴歸	1	15557.7	15557.7	2372.165	4.21E-16
殘差	13	85.3	6.56		
總和	14	15642.9			

③					
	係數	標準誤	T 統計	P- 值	下限 95%	上限 95%
截距	-32.4	5.2	-6.228	3.08E-05	-43.64	-21.16
可支配所得	0.98	0.020	48.705	4.21E-16	0.940	1.027

決定係數會被輸出至表①R^2的欄位之中。由於$R^2 = 0.995$，我們便能得知有 99.5% 的消費支出變動能被可支配所得的變動所詮釋。另外，A、B、C 的數值分別位於表②的迴歸 SS（迴歸變動）、殘差 SS（殘差變動）、總和 SS（總和變動），分別是 A = 15642.9、B = 15557.7、C = 85.3。

18

迴歸分析

虛擬變數

　　右頁圖 1 是某間醫院中出生嬰兒的出生時體重 $y(g)$ 與懷孕期間 x（週）的散布圖。我們可以得知，懷孕時間若是較長，出生時體重就會有增加的趨勢。另外，我們還能窺見出男嬰的體重也有較女嬰重的傾向。接著，我們想調查男女之間的出生時體重是否具有差異。

　　讓我們用懷孕期間的 1 次函數來呈現體重，並以截距來呈現男女差異（將男嬰設為 α、女嬰設為 α^*）的模型來思考這個問題：

$$\text{男嬰：} y_i = \alpha + \beta x_i + \varepsilon_i \quad \text{女嬰：} y_i = \alpha^* + \beta x_i + \varepsilon_i$$

這個模型使用了下列由 0 與 1 所組成的變數（稱作**虛擬變數**）：

$$D_i = \begin{cases} 1 & （男嬰） \\ 0 & （女嬰） \end{cases}$$

我們也能藉此用 1 個複迴歸模型描述這個問題：

$$y_i = \alpha^* + \beta x_i + (\alpha - \alpha^*) D_i + \varepsilon_i$$

　　只要用 Excel 的分析工具來進行估計，就能得知 α^* 與 β 的估計值分別是 -1773.3 與 120.9，因此我們能將女嬰的迴歸式估計為 $y = -1773.3 + 120.9x$。另外，由於 $\alpha - \alpha^*$ 的估計值為 163.0，因此我們能估計出 $\alpha = 163.0 - 1773.3 = -1610.3$，求得男嬰的迴歸式 $y = -1610.3 + 120.9x$。

　　另外，用於判斷虛擬變數（性別）的係數究竟是為零還是正數的 t 檢定，則是判斷男女之間的出生時體重是否具有顯著差異的方法。也就是說，這項 t 檢定就相當於 $H_0 : \alpha = \alpha^*$ vs. $H_1 : \alpha > \alpha^*$ 的檢定，非常重要。而 t 值為 2.239。由於臨界值是自由度 $24 - 3 = 21$ 的 t 分布中的上方 5% 點的數值 1.72，因此我們能拒絕虛無假設，得知男女之間存在著差距。

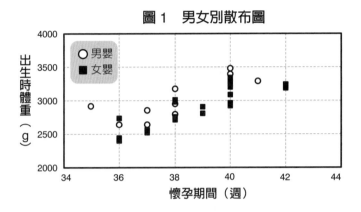

圖 1　男女別散布圖

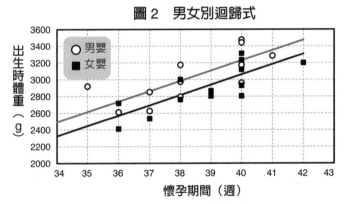

圖 2　男女別迴歸式

表											
出生時體重（g）	2968	2795	3163	2925	2625	2847	3292	3473	2628	3176	3421	2975
懷孕期間（週）	40	38	40	35	36	37	41	40	37	38	40	38
性別虛擬變數	1	1	1	1	1	1	1	1	1	1	1	1
3317	2729	2935	2754	3210	2817	3126	2539	2412	2991	2875	3231	g
40	36	40	38	42	39	40	37	36	38	39	40	週
0	0	0	0	0	0	0	0	0	0	0	0	男嬰＝1 女嬰＝0

出處：Annette J. Dobson, "An Introduction to Generalized Linear Models, Second Edition", Table 2.3 (p. 24)

變異數與共變異數

　　本章將介紹股價或匯率等依循時間變化進行觀察的數據，也就是**時間序列數據**的處理方式。正如同某些特別事件發生時，其造成的影響會暫時持續存在一般，多數時間序列數據的特徵，就是不同時間點的觀察值之間會存有相關關係。因此，本節會先定義機率變數中的相關，奠定下幾節討論的基礎。

　　我們已經學習過共變異數（第 6 章第 1 節）與相關係數（第 6 章第 2、3 節）等 2 個變量之間的相關指標。本節則會將這些概念套用至機率變數之中。我們假設存在著 X 與 Y 這 2 項機率變數，而它們的平均數分別寫作 $E(X) = \mu_X$ 與 $E(Y) = \mu_Y$。此外，X 與 Y 的**共變異數**則定義如下：

$$C(X, Y) = E\{(X - \mu_X)(Y - \mu_Y)\}$$

當 $C(X, Y) > 0$ 時我們便會稱 X 與 Y 具有**正相關**、當 $C(X, Y) < 0$ 時 X 與 Y 便具有**負相關**，而當 $C(X, Y) = 0$ 時便稱作**無相關**。另外，若是 X 與 Y **相互獨立**，它們之間就會是無相關（第 20 章第 1 節）。

　　而在第 9 章第 5 節登場的 X 的變異數 $V(X)$ 則是共變異數中的特殊案例。事實上，我們也能將其記述爲：

$$V(X) = E\{(X - \mu_X)^2\}$$

進而得知 $V(X) = C(X, X)$。

　　我們會將 X 與 Y 的變異數分別設爲 $V(X) = \sigma_X{}^2$ 與 $V(Y) = \sigma_Y{}^2$。而 X 與 Y 的**相關係數**則被定義爲下式：

$$r(X, Y) = \frac{C(X, Y)}{\sigma_X \sigma_Y} = E\left\{\left(\frac{X - \mu_X}{\sigma_X}\right)\left(\frac{Y - \mu_Y}{\sigma_Y}\right)\right\}$$

共變異數也能記述為：

$$C(X, Y) = E(XY) - \mu_X \mu_Y$$

這是因為，若從共變異數的定義來思考，我們能整理出下式：

$$
\begin{aligned}
C(X, Y) &= E\{(X-\mu_X)(Y-\mu_Y)\} = E\{XY - \mu_X\,Y - \mu_Y\,X + \mu_X\,\mu_Y\}\ (\text{移除小括弧})\\
&= E(XY) - \mu_X E(Y) - \mu_Y E(X) + \mu_X \mu_Y\ (\text{使用第 12 章第 4 節中的 (1) 式})\\
&= E(XY) - \mu_X \mu_Y - \mu_Y \mu_X + \mu_X \mu_Y\ (\text{這是因為 } E(X)=\mu_X,\ E(Y)=\mu_Y)\\
&= E(XY) - \mu_X \mu_Y\ (\text{整理完畢})
\end{aligned}
$$

很顯然地，我們也可以寫成下列形式：

$$C(X, Y) = E(XY) - E(X)E(Y)$$

另外，只要相消相關係數中的定義式分母，就能得到：

$$C(X, Y) = \sigma_X\,\sigma_Y\,r(X, Y) = \sqrt{V(X)V(Y)}\,r(X, Y)$$

我們會在第 20 章第 2 節運用到此式。

機率變數中的相關係數判讀方式及性質，和數據中的相關係數都一樣。相關係數會座落於 $-1 \leqq r(X,Y) \leqq 1$ 的範圍之中，愈接近 ±1 代表相關愈強。事實上，當相關係數等於 ±1 時，X 與 Y 會呈現出完美的直線關係。

19

時間序列分析

平穩性

右頁的 3 項時間序列都是以一定的幅度在固定的數值附近進行變動，無論關注哪個時期，都會呈現類似的走勢。這種性質稱作**平穩性**。

下列敘述將以更精確的方式說明。讓我們設時間點為 t、並將 t 時間點的測定值設為 X_t。依照時間順序排列這些數據，便稱作**時間序列**或**機率過程**，寫作 $\{X_t\}$。而 $\{X_t\}$ 為**平穩**的定義，便是指下列 3 項條件成立的情形：

(a) 在全體時間點之中，平均數呈一定數值：$E(X_t) = \mu$
(b) 在全體時間點之中，變異數呈一定數值：$V(X_t) = \sigma^2$
(c) 不同時間點之間的共變異數 $C(X_t, X_s)$ 僅會依照其時間點差 $|t - s|$ 來決定

在此其中，我們會稱 $E(X_t) = 0$（平均數為 0）、$V(X_t) = \sigma^2$（變異數呈一定數值），且不同時間點之間為無相關（也就是若 $t \neq s$ 成立，則 $C(X_t, X_s) = 0$）的時間序列 $\{X_t\}$ 為**白雜訊**，而這便是平穩的時間序列。另外，當時間序列 $\{X_t\}$ 之中的各個 X_t 相互獨立並從屬於相同分布時，我們會將 $\{X_t\}$ 稱作 **iid 序列**（iid 為 independent and identically distributed 的縮寫）。由於各個 X_t 從屬於相同分布，我們可以得知它滿足了平穩性條件中的 (a) 與 (b)。此外，如同上一節所述，**獨立就等同於無相關**，因此不同時間點的共變異數為 0，代表它也滿足了條件 (c)。因此，iid 序列也是平穩的時間序列。

在金融工程的領域中極為知名的布萊克‧休斯公式，便是用幾何布朗運動來假定股價的機率過程，而在這項假定之中，股價收益率便是相互獨立並從屬於相同常態分布的 iid 序列。

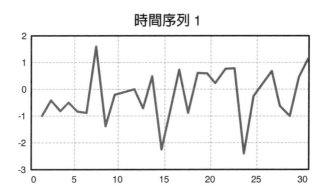

時間序列 1

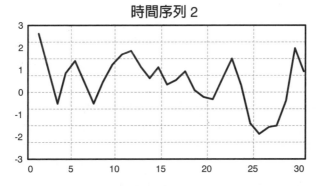

時間序列 2

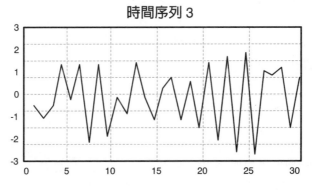

時間序列 3

▶ 03

AR 模型（自迴歸模型）

　　圖 1 中的時間序列 2 與圖 2 中的時間序列 3 具有「會出現近似於前 1 時間點的值」、「移動方向會與前 1 時間點的值相反」的特徵。無論是哪種情況，各個時間點的數值都會受到前 1 時間點數值的影響。

　　當我們宣稱時間序列 $\{X_t\}$ 適用於 **AR 模型**時，是指 X_t 滿足下列條件的情況：

$$X_t = \mu + \phi X_{t-1} + \varepsilon_t, \ -1 < \phi < 1$$

此處的 $\{\varepsilon_t\}$ 是白雜訊。也就是說，X_t 的數值涵義就是將【常數 μ 及前 1 時間點的數值 X_{t-1} 所帶來的影響 ϕ】的和，加上於 t 時間點產生的雜訊 ε_t 的數值定式。

　　AR 是**自迴歸**（auto-regressive）的縮寫。正如其名，我們也能將該定義式視爲能透過同一對象前 1 時間點的數值 X_{t-1} 來說明 X_t 的迴歸模型。而係數 ϕ 則是告訴我們前 1 時間點的值 X_{t-1} 是如何影響 X_t。當 ϕ 爲正數時，呈現結果就會如同時間序列 2 一般，正負相同的變動會持續好一陣子；而當 ϕ 爲負數時，呈現結果就會如同時間序列 3 一般，正負符號會在變動中頻繁地交替。當 $-1 < \phi < 1$ 時，AR 模型會呈現平穩狀態，此處我們將省略計算，但請各位記住，AR 模型中的平均數爲 $\mu/(1-\phi)$，變異數爲 $\sigma^2/(1-\phi^2)$，相關係數則是

$$r(X_t, X_{t+h}) = \phi^{|h|}$$

（此處的 σ^2 爲白雜訊 ε_t 的變異數）。不同時間點間的相關係數會隨著時間差 $|h|$ 的增加以幾何數列形式遞減，也就是說，AR 模型的特徵，就是愈先前的時間點所會帶來的影響愈少。我們不僅能記述前 1 時間點，也能在模型中加入更先前的時間點的數值。這種情形稱作**階數**。接下來，我們會標明階數，將本節模型稱作 AR(1) 模型。

圖 1　時間序列 2

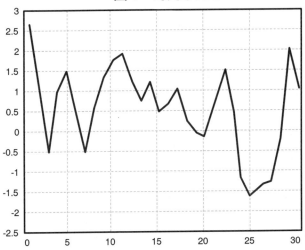

圖 2　時間序列 3

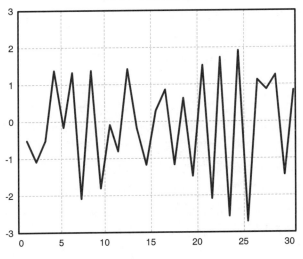

ARMA 模型（自迴歸滑動平均模型）

為了簡化內容，請用 $\mu = 0$ 情形下的 AR(1) 模型進行思考。只要將 X_{t-1} 的時間點向前挪動 1 個單位，就能得到下式：

$$X_t = \phi X_{t-1} + \varepsilon_t = \phi(\phi X_{t-2} + \varepsilon_{t-1}) + \varepsilon_t = \varepsilon_t + \phi X_{t-1} + \phi^2 X_{t-2}$$

我們只要將這項步驟重複 m 次，該式就會變為：

$$X_t = \varepsilon_t + \phi \varepsilon_{t-1} + \cdots + \phi^m \varepsilon_{t-m} + \phi^{m+1} X_{t-m-1}$$

當這裡的 m 愈來愈大時，由於我們知道 $|\phi| < 1$，因此 ϕ^{m+1} 的數值會向 0 收斂。因此，$\phi^{m+1} X_{t-m-1}$ 項便會消失，使該式成為：

$$X_t = \varepsilon_t + \phi \varepsilon_{t-1} + \phi^2 \varepsilon_{t-2} + \phi^3 \varepsilon_{t-3} + \cdots$$

該式的意義在於，我們可以用過去白雜訊的無限和的形式來呈現 X_t，而過去的影響會呈幾何數列遞減。我們稱這個現象為 AR(1) 模型的**移動平均表現**。

當我們宣稱 X_t 適用於 **MA(1) 模型**時，是指 X_t 能記述為下式的情況：

$$X_t = \varepsilon_t - \theta_1 \varepsilon_{t-1}$$

此處的 $\{\varepsilon_t\}$ 是白雜訊。MA 是移動平均（moving average）的簡稱。MA(1) 模型有著恆常數、相距 2 個時間點以上數值互為無相關的特徵。而相同定義也適用於階數在 2 以上的 MA 模型。

而融合 AR(p) 模型與 MA(q) 模型的 **ARMA(p, q) 模型**，能用來表現各式各樣的時間序列變動，廣受應用：

$$X_t = \phi_1 X_{t-1} + \phi_2 X_{t-2} + \cdots + \phi_p X_{t-p} + \varepsilon_t - \theta_1 \varepsilon_{t-1} - \cdots - \theta_q \varepsilon_{t-q}$$

在進行具季節性或趨勢性質的時間序列模擬時，我們可以將 ARMA 模型來套用至具有階差的數據。這種方法稱作**差分整合移動平均自迴歸（ARIMA）模型**，I 是 integrated 的縮寫，意思即代表整合。

AR(p) 模型

過去的影響

本期的白雜訊（事件、政策等）

$$X_t = \mu + \emptyset_1 X_{t-1} + \emptyset_2 X_{t-2} + \cdots + \emptyset_p X_{t-p} + \varepsilon_t$$

本期股價

上 1 期的股價

上 2 期的股價

上 p 期的股價

本式所要表達的意思，是本期的股價會受到上 1 期至上 p 期之前為止的股價影響。

▶ 05

ARCH 模型（自迴歸條件異變異數模型）

　　我們能從股價收益率之中，觀察到散布程度一旦變大，該狀態就會暫時持續一陣子，散布程度一旦變小，該狀態也會暫時持續的現象（波動群聚現象）。而能夠表現這種現象的經典模型，就是允許變異數依附於過去數值的 ARCH（**自迴歸條件異變異數**）**模型**。讓我們用最簡單的 ARCH(1) 模型進行說明。

　　當我們宣稱時間序列 $\{X_t\}$ 適用於 **ARCH(1)** 模型時，是指下式成立的情況：

$$X_t = \sigma_t Z_t, \quad \sigma_t^2 = \alpha + \beta X_{t-1}^2, \; \alpha > 0, \; \beta \geqq 0$$

在這裡，我們會設 Z_t 相互獨立並從屬於相同常態分布 $N(0, 1)$，並設 Z_t 與 $t-1$ 時間點之前的 X_{t-1}, X_{t-2}, … 相互獨立。

　　接下來，由於 Z 從屬於 $N(0, 1)$，根據我們在第 11 章第 5 節學過的公式，$X_t = \sigma_t Z_t$ 的分布將會是 $N(0, \sigma_t^2)$（正確說起來，這是 X_{t-1} 情形下的條件分布，但我們可以在本處忽略這項問題）。這項分布的變異數會變成 $\sigma_t^2 = \alpha + \beta X_{t-1}^2$，並依附於前 1 時間點的值 X_{t-1}。也就是說，當前 1 時間點的 X_{t-1} 具有較大數值時，t 時間點的 X_t 的變異數也會變大；相對地，若 X_{t-1} 是接近 0 的數值，X_t 的變異數也會變小，而變動範圍較小的現象也會暫時持續。藉此，我們就能呈現出近似於波動群聚現象的變化。

　　若是本模型之中的 $\beta = 0$，則變異數 σ_t^2 便不會依附於先前的 X_{t-1}，而是以定值（$\sigma_t^2 = \alpha$）的形式呈現。在這個情況下，散布程度就不會有所變動。此外，ARCH 模型的 σ_t^2 也能用來探討更加先前的時間點。此時我們會將 $\sigma_t^2 = \alpha + \beta_1 X_{t-1}^2 + \cdots + \beta_p X_{t-p}^2$ 的模型稱作 **ARCH(p)** 模型。

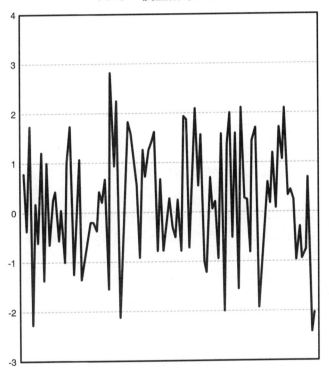

ARCH 模型的序列例

時間序列分析

ARCH 就是 Autoregressive Conditional Heteroscedasticity 的簡稱。

無相關與獨立的關係

在第 12 章第 1 節，我們學習了**獨立性**這項用來描述 2 個機率變數與的產生方式不具關係的用語。另外，我們也知道**無相關**的概念。雖然兩者在描述 2 個機率變數不具關係的點上十分相似，但獨立性的條件其實比無相關更強。也就是說，雖然「若**相互獨立，則兩者必無相關**」，但反過來的情況則無法成立。

當 X 與 Y **相互獨立**，就代表 X 與 Y 所有可能取得的數值的組合，都能讓 $P(X=x,\ Y=y)=P(X=x)P(Y=y)$ 成立。透過這個定義，我們便能在 X 與 Y 相互獨立時推導出下列公式：

$$E(XY)=E(X)E(Y)（乘積的期待值會與期待值的乘積相等）(1)$$

這是因為（若是對理由沒興趣，接下來的內容皆可跳過），期待值是「相加所有『可能取得的值 × 機率』」，因此根據期待值的定義，等式左端的 $E(XY)$ 就是「$xyP(X=x,\ Y=y)$ 的總和」。由於它們相互獨立，我們只要將 $P(X=x,\ Y=y)$ 置換為 $P(X=x)P(Y=y)$，結果就會是「$xyP(X=x)P(Y=y)$ 的總和」。由於我們已經分離 x 與 y，因此，

$$[xyP(X=x)P(Y=y) \text{ 的總和}]$$
$$=[xP(X=x) \text{ 的總和}]\times[yP(Y=y) \text{ 的總和}]$$

便會成立。等式右端的 $[xP(X=x)$ 的總和$]$ 所指的就是 $E(X)$，$[yP(Y=y)$ 的總和$]$ 所指的就是 $E(Y)$。因此，(1) 式便能得證。與此相對，**無相關則是指共變異數為 0 的情況**。如同第 19 章第 1 節右頁所示，共變異數也能寫作 $C(X,\ Y)=E(XY)-E(X)E(Y)$。我們只要參考 (1) 式，就能得知在獨立的情形之中，上式的右端便會是 0。由此可知，只要獨立則必為無相關。

雖然無相關但並非獨立的案例

讓我們來介紹機率變數 X 與 Y 互為無相關，但並非相互獨立的案例。

$$(X, Y) = (-1, 0), (1, 0), (0, -1), (0, 1)$$

上述機率分別都是 1/4 的分布便符合這個情況。
首先讓我們來確認它們互為無相關。也就是說，我們要證明它們的共變異數為 0。首先讓我們將焦點放在 X，調查它可能取得的數值與機率，便能得知下列資訊：

x	-1	0	1
P(X = x)	1/4	1/2	1/4

因此，我們能得知

$$E(X) = (-1) \times (1/4) + 0 \times (1/2) + 1 \times (1/4) = 0$$

同樣地，Y 的分布為：

y	-1	0	1
P(Y = y)	1/4	1/2	1/4

因此，我們能得知

$$E(Y) = (-1) \times (1/4) + 0 \times (1/2) + 1 \times (1/4) = 0$$

此外，由於 XY 的數值恆為 0，因此我們能得知 E(XY) = 0。
基於上述內容，只要使用第 19 章第 1 節的公式，就能得到：

$$C(X,Y) = E(XY) - E(X)E(Y) = 0，$$

進而得知 X 與 Y 互為無相關。
相對的，若是 X 與 Y 相互獨立，則下列條件必須全部成立：

$$P(X=-1, Y=0) = P(X=-1) P(Y=0)$$
$$P(X=1, Y=0) = P(X=1) P(Y=0)$$
$$P(X=0, Y=-1) = P(X=0) P(Y=-1)$$
$$P(X=0, Y=1) = P(X=0) P(Y=1)$$

(X,Y) 的值會座落於 4 個點上

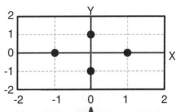

本圖看起來與無相關的散布圖很相似吧。此外，當 X = 1 時 Y 值必為 0，因此它們並非相互獨立。

但是，由於 P(X = -1, Y = 0) = 1/4、P(X = -1)(Y = 0) = (1/4) × (1/2) = 1/8，因此 P(X = -1, Y = 0) ≠ P(X = -1)(Y = 0)。也就是說，X 與 Y 並非相互獨立。

▶ 02

關於機率變數的和的平均數與變異數

接下來，我們將解說機率變數 X 與 Y 的性質。若我們分別將 X 與 Y 設為持有股票的股價，則 $X+Y$ 的平均數與變異數就能對應至投資組合的平均數與變異數。

首先，我們馬上就能透過期待值的定義得知下式將會成立：

$$E(X+Y) = E(X) + E(Y)（和的期待值會與期待值的加總相等）$$

無論 X 與 Y 有沒有相互獨立，上式也必能成立。就算機率變數有 3 個以上的情況也是一樣。接下來，我們會使用第 19 章第 1 節的知識。

相對的，變異數的情形會比較複雜，我們會得到

$$V(X+Y) = V(X) + V(Y) + 2 \times C(X, Y)。$$

假如我們設 X 與 Y 為股價，並設 $E(X) = 100$ 日圓、$E(Y) = 200$ 日圓、$V(X) = 25$、$V(Y) = 121$，則根據上述 2 式，我們便能得到 $E(X+Y) = 300$ 日圓、$V(X+Y) = 146 + 2 \times C(X,Y)$ 的結果。一般來說，投資組合的變異數愈小則愈安全，因此我們能得知呈現負相關時，也就是 $C(X,Y) < 0$ 時代表安全。假設 X 與 Y 的相關係數 $r(X,Y) = -0.6$，則我們便能得到下式：

$$C(X, Y) = \sqrt{V(X)V(Y)} \times r(X, Y) = 5 \times 11 \times (-0.6) = -33$$

進而得知 $V(X+Y) = 146 - 2 \times 33 = 80$。

此外，由於當 X 與 Y 相互獨立時，其共變異數會是 0，因此下式將會成立：

$$V(X+Y) = V(X) + V(Y)（和的變異數為變異數的加總）$$

只要反覆使用該式，就能得知即便在存有 3 個以上的獨立機率變數時，和的變異數也會與變異數的加總相等。也就是說，我們可以得到下式：

$$V(X_1 + \cdots + X_n) = V(X_1) + \cdots + V(X_n)$$

機率變數的和的變異數

假設我們持有 X 社 1 股的股票，並將隔日的股價記述為 X（日圓）。
設 X 為機率變數，且已知

平均數 E(X)	100
變異數 V(X)	25
標準差 $\sqrt{(V(X))}$	5

接著，我們假設另有 P、Q、R、S 社 4 間公司，它們隔日的股價分別是
P、Q、R、S（日圓）。今天我們打算購買其中 1 間公司的 1 股股票。
若是購買了 P 社的股票，則我們隔日的資產就會是 X + P（日圓）。
隔日資產額的平均數與變異數如下：

> (a) $E(X + P) = E(X) + E(P) = 100 + E(P)$
> (b) $V(X + P) = V(X) + V(P) + 2 \times C(X,P) = 25 + V(P) + 2 \times C(X,P)$

最理想的情況為平均數大（高報酬率）、變異數小（低風險）。

各間公司的平均數、變異數以及 X 與各間公司的相關係數如同下表：

	P	Q	R	S
平均數	150	80	150	80
變異數	49	36	49	36
標準差	7	6	7	6
該公司與 X 的相關係數	0.8	0.4	-0.8	-0.4

如同左頁，X 與 P 的共變異數會是 C(X,P) × [X 的標準差] × [P 的標準
差] × [X 與 P 的相關係數]，因此我們可以得知 C(X,P) = 28。只要以相
同方式計算，就能得到下表：

C(X, P)	C(X, Q)	C(X, R)	C(X, S)
28	12	-28	-12

只要將本結果代入 (a)、(b) 式，就能得到各項組合的平均數與變異數。

	X + P	X + Q	X + R	X + S
平均數	250	180	250	180
變異數	130	85	18	37

藉此，我們就能得知，在上述的 4 個組合之中，持有 X 社與 R 社的股
票是最理想的。

20

測定貧富差距：羅倫茲曲線

我們將在本節與下一節介紹運用圖表呈現所得分配不均程度的**羅倫茲曲線**，以及其數值指標**基尼係數**。

在將 10 萬日圓分配給 4 個家庭的情況下，讓我們將分給 1 戶家庭 5 萬日圓、1 戶家庭 3 萬日圓、剩下 2 戶各 1 萬日圓的分配方法命名為分配 A。讓我們將配額由低至高排序，寫為 A = (1, 1, 3, 5)。很顯然地，最不平等的分配與最公平的分配分別是 U = (0, 0, 0, 10) 與 E(2.5, 2.5, 2.5, 2.5)。A 比 E 來得不平等，不過比 U 平等。

那麼，B(0, 3, 3, 4)、C(2, 2, 3, 3) 之間又具有什麼樣的關係呢？比較分配不平等程度其中一項的方法，就是**比較前 k 低的家庭總額，所有的 k（＝1, 2, 3, 4）較小的一方的分配便較為不平等（但結果也有可能是彼此相等）**。只要比較 B 與 C，就能得到右頁表 1，可見 B 比較不平等。我們會將其寫作 B ≧ C。用相同的計算方式，我們也能得知 C ≦ A。

羅倫茲曲線便是利用圖表來呈現分配情形。就算我們用右圖表 2 的形式呈現分配情形，所得到的資訊也會相同。羅倫茲曲線便是用折線圖來呈現表 2 中累積家庭比率與累積收入比率的配對組別。由此可見，由於羅倫茲曲線與分配情形具有等價關係，因此只要比較曲線，就能比較不平等程度。由於平等的分配 E 所對應的圖表中的家庭數及累積收入的增加方式都一樣，因此會呈現出 45 度的直線。我們稱之為**完全平等線**。另外，最為不平等的分配 U 會位於**圖的最下方**。所有分配情形都會介於上述兩者之間的位置，**愈接近下方便意味著不平等的程度愈高**。

羅倫茲曲線

表 1					
前 k 低的家庭	1	2	3	4	
分配 B	0	3	6	10	B 較小
分配 C	2	4	7	10	
前 k 低的家庭	1	2	3	4	
分配 A	1	2	5	10	A 較小
分配 C	2	4	7	10	

表 2			
分配 A			
累積家庭數	1	2	3	4
累積家庭比率	0.25	0.50	0.75	1.00
累積收入	1	2	5	10
累積收入比率	0.10	0.20	0.50	1.00
分配 E			
累積家庭數	1	2	3	4
累積家庭比率	0.25	0.50	0.75	1.00
累積收入	2.5	5	7.5	10
累積收入比率	0.25	0.50	0.75	1.00
分配 U			
累積家庭數	1	2	3	4
累積家庭比率	0.25	0.50	0.75	1.00
累積收入	0	0	0	10
累積收入比率	0.00	0.00	0.00	1.00

圖　羅倫茲曲線

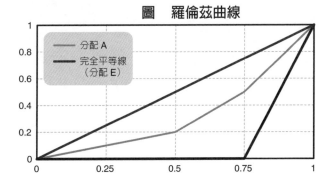

分配 A
完全平等線
（分配 E）

測定貧富差距：基尼係數

　　羅倫茲曲線能透過折線圖的視覺化，讓我們能夠比較分配情形的不平等程度。事實上，當存在著 X 分配與 Y 分配，且 X 比 Y 更為不平等時，其意義**就會與 X 所對應的羅倫茲曲線位於 Y 下方的情形等價**。

　　但是，有些組合無法用這項方法進行排序。如 A=(1, 1, 3, 5) 與 B(0, 3, 3, 4) 之間不存在著 A ≧ B 或 A ≦ B 的關係。實際上，這種情形會產生 1>0, 1+1<0+3, 1+1+3<0+3+3 的結果，不等式的方向不會固定。換句話說，A 與 B 的羅倫茲曲線會互相交錯，無法滿足單方面的曲線完全在下方的情形。

　　相對的，**基尼係數**則是將「由完全平等線與羅倫茲曲線組成的圖形」的 2 倍當作不平等程度的指標，因此會等同於下圖的斜線面積。只要設該面積為 G，則由於四邊形的整體面積為 $1 \times 1 = 1$，$0 \leqq G \leqq 1$ 便能成立。若是分配情形完全平等，其羅倫茲曲線就會與完全平等線一致，圖形面積便會是 0，藉此得出 $G=0$。相對的，由於愈是不平等，羅倫茲曲線就愈會位於下方，圖形的面積也會愈大，因此基尼係數便會接近 1。不同於羅倫茲曲線，基尼係數為一實數值，因此具有能為任何分配情形進行排序的優點。另外，A 與 B 的基尼係數分別是 0.35 與 0.3，因此從基尼係數的觀點看來，我們能宣稱 A 比較不平等。

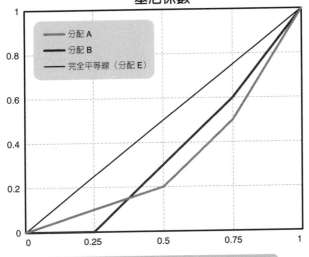

0 ≤基尼係數（斜線面積）≦ 1（四邊形面積）

$$0 \leqq G \leqq 1$$

愈接近 1，不平等程度愈大

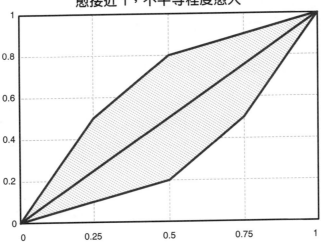

▶ 05

檢定的補充說明

　　本節將概略介紹受限於篇幅而無法在原先計畫的段落介紹的適合度檢定。適合度檢定的原理與第 17 章介紹過的列聯表的檢定相同。我們假設選民對市長選舉的優先期望事項有「景氣、育兒支援、福利醫療、治安」的 k = 4 項類別。而長期下來，它們之間的比率都安定處於 0.4, 0.2, 0.3, 0.1 的狀態。然而，由於都市合併導致市民的年齡組成產生變化，這項比率便有可能有所改變。假設我們想為「比率與過去一樣」這項虛無假設進行檢定，因此向 n = 200 人進行詢問，得到右頁表中的結果。此處的檢定統計量與第 17 章第 4 節相同，都是：

$$T = \frac{（觀察次數 - 期待次數）^2}{期待次數} \text{ 的總和}$$

若是比率有所變化，則觀察次數與期待次數的差異就會變大，的數值也會變大。因此，當 T 的數值夠大時，我們就能拒絕虛無假設。在本例中，

$$T = \frac{(100 - 80)^2}{80} + \frac{(40 - 40)^2}{40} + \frac{(50 - 60)^2}{60} + \frac{(10 - 20)^2}{20} = 11.67$$

當虛無假設為真時，T 會從屬於自由度為 $k - 1 = 4 - 1 = 3$ 的卡方分布。當設顯著水準為 5% 時，卡方檢定的上方 5% 點會是 7.81，因此我們能拒絕虛無假設，得知比率有所變動。

表					
	景氣	育兒支援	福利醫療	治安	合計
觀察次數	100	40	50	10	200
期待次數	80	40	60	20	200

好了，我們匆忙地在最後一章進行了上述的補充說明。想必各位就讀大學時也是如此，有些課程會在最後進行精采的總結解說，也有些課程到最後一刻還倉促地進行補充說明或追加內容。本處講述的內容便是屬於後者。

接下來就是下課的時間了。

結 語

　　說起學問入門書籍後記中的常套句，大概就是「在讀完本書後也請繼續學習」吧。

　　但是，對社會人士來說，我想統計學應該並不屬於這類型的學問。也就是說，各位在入門後並不會繼續研讀進階、上級的文獻，試圖致力於深化知識與造詣，而是從入門書汲取需要的知識後便闔上書本，回到原本專精的商務現場或工作崗位吧。由於統計學的理論並非平易近人，或許我們無法以「只汲取需要的份」的方式暢行無阻地學習，不過只要學到一定程度便會回到自己專精的領域。在此之後又會感到有所不足，一旦有空又會再次翻書學習。這應該是社會人士學習統計學的方法吧。

　　我們也有在本文提及，統計學是透過數學的語言來敘述，因此具有數學的通用性，可見數據分析的邏輯是既普遍又具泛用性的。因此，無論各位的專業是什麼，都能學以致用。此外，就算無法像專家一樣取得第一手資料，各位還是有辦法學習統計學。大多數的方法都能單憑紙筆學會。還有，統計學的基礎要素「平均數」、「變異數」、「相關」等概念，其實用性都不會因時代變遷而被淘汰。希望本書的知識能持續在未來幫到各位的忙。

　　若是未來有空，請各位再度前來「聽課」。

2017 年 7 月

倉田博史

參考文獻

本書在執筆之際，參考了大量的文獻。主要參考書籍爲東京大學教養學部的統計學入門課程中的教科書與參考書。

倉田博史・星野崇宏『入門統計解析』（新世社）2009 年
東京大学教養学部統計学教室編『基礎統計学 I（統計学入門）』（東京大学出版会）1991 年

本書多處出自於上述書籍。此外，本書也參考下列文獻。

刈屋武昭・勝浦正樹『統計学（第 2 版）』（東洋経済新報社）2008 年
佐和隆光『初等統計解析（改訂版）』（新曜社）1985 年
鈴木武・山田作太郎『数理統計学　基礎から学ぶデータ分析』（内田老鶴圃）1996 年
日本統計学会編『データの分析　日本統計学会公式認定統計検定 3 級対応』（東京図書）2012 年
日本統計学会・数学セミナー編集部編『統計学ガイダンス』（日本評論社）2014 年
宮川雅巳『統計技法』（共立出版）1998 年
大屋幸輔『コア・テキスト統計学』（新世社）2003 年

然而，本書如有闕誤，一切責任應由我本人承擔。

另外，本書所引用的數據都有標示相關出處。此外，部分數據省略了數值與標記。沒有標示出處的部分皆是虛構的數據。

博雅科普 028

東大教授十小時教會你大學四年的統計學
大学4年間の統計学が10時間でざっと学べる

作　　者	倉田博史	
譯　　者	李其融	
審 閱 者	俞振華	
發 行 人	楊榮川	
總 經 理	楊士清	
總 編 輯	楊秀麗	
副總編輯	劉靜芬	
校對編輯	呂伊真	
封面設計	姚孝慈	
出 版 者	五南圖書出版股份有限公司	
地　　址	106台北市大安區和平東路二段339號4樓	
電　　話	(02)2705-5066	
傳　　真	(02)2706-6100	
劃撥帳號	01068953	
戶　　名	五南圖書出版股份有限公司	
網　　址	https://www.wunan.com.tw	
電子郵件	wunan@wunan.com.tw	
法律顧問	林勝安律師事務所 林勝安律師	
出版日期	2020年 2 月初版一刷	
	2022年 1 月初版二刷	
定　　價	新臺幣350元	

國家圖書館出版品預行編目資料

東大教授十小時教會你大學四年的統計學／
倉田博史著；李其融譯. -- 初版. -- 臺北
市：五南, 2020.02
　面；　公分. --（博雅科普；28）
譯自：大学4年間の統計学が10時間
　ISBN 978-957-763-803-8（平裝）

1.統計學

510　　　　　　　　　　　108020995